위하여,^與
위하야 ^野

위하여,^與
위하야 野

◆ 전연익 지음 ◆

BRAVO
RULING PARTY

BRAVO
OPPOSITION PARTY

국회를 돌아보고

폭이 넓게 보고, 듣고, 행동하고, 말하는 정치가를 국민은 원한다.

바른북스

◇◆◇◆◇

국회다운 국회를 보고 싶은 사람들에게

나는 국회를 '위하여(與), 위하야(野)'라고 한다. 국회가 대우를 받고, 국회다운 국회가 되기를 원하기 때문에 응원하고 싶어서다.

나는 정치의 정(政)과 치(治)를 모르는 대한민국의 보편적 시민이다. 이런 사람이 바라는 국회를 이야기해 보고 싶다.

이 책에 나오는 '정치하는 사람'이란 말은 국회의원, 국회의인, 국회의명, 국회의구로(2장 구(舊), '국회의원' 참조) 구분하고 싶은 300인을 생각한 표현이다.

국회는 시끄럽지 않고, 섬세한 품과 격이 있어야 한다. 국민의 정성과 여론을 국민의 대표자가 이성적으로 제안하는 정치의 터가 되어야 한다. 자연스럽게 자연을 닮는 원활하고, 큰 이성의 정치를 실현하는 곳이어야 한다.

사람의 삶은 경험할 수 없다. 국민을 위하는 참된 정치도 경험한 경우가 없다. 우리는 흘러간 시대의 흔적을 경험이라고 한다.

그러나 이것은 경험이 아니고, 지나간 세월의 맛이라고 대한민국의 정치하는 사람들은 말한다. 입맛을 다시며 옛날을 그리워하는 것은 향수이지 경험은 아니다.

경험은 자신이 해보고, 느껴보고, 깨달은 기억이 있어야 한다. 정치하는 사람들이 공부하고 일하면서 남에게 의지하지 말고, 본인이 직접 새로운 경험을 만드는 국회생활을 해야 한다는 부담을 정치하는 사람들에게 주고 싶은 바람이 이 글을 쓰게 된 계기다.

세상은 넓게 봐야 한다. 우리나라는 작지만, 국명은 대한민국(큰 나라)이다. 2021년 통계에 의하면 남북한의 국토면적이 22만 3,516㎢고, 인구가 7,763만 2,000명이며 국민소득은 3만 5,000달러의 강대국이다.

나라 이름이 그냥 지어진 것이 아니다. 우리가 못살던 1950~1970년에 나는 무엇을 했나, 또는 그 세대를 지난 세대는 그때를 알아보고, 생각해 보는 정치하는 사람들이 있을까?

강대국의 정치하는 사람의 수준은 세계 최약소국의 정치하는 사람들보다 무엇을 못하고 있는지 생각해 봐야 한다.

나라는 작지만 대한민국이다. 국민들의 꿈은 이어주지 못하고, 동네 축구에만 전념하는 정치하는 사람들이 안타깝다.

정치하는 사람들의 말은 험담과 비판과 수다를 떨 때는 논리를 생각하느라 고민하는데, 국가의 대소사를 말할 때는 비이성적이고, 비자연적인 감정을 보여준다.

권력과 쾌락에 빠지면 꿈과 이상을 실현하기 어렵다. 세속적

욕망은 순간의 등불이고, 지속적인 선의 추구는 지성과 이성의 벗이 된다고 하는 말은 정치하는 사람들에게 주어진 말이다.

정치하는 사람들 잘못으로 당한 외침 때문에 대한민국 국민이 수동적으로 되었다. 역사에 망신을 준 정치하는 사람들을 잘 기억하고, 지금 정치하는 사람들은 자신의 나쁜 점을 고치고, 대한민국 국민을 능동적 자세를 가진 국민으로 성장시켜야 한다.

세상은 사람이 변하는 것보다 빠르게 변한다. 변한다는 것은 기존의 것을 바꾼다는 것이다. 이런 세상에 대처하려면 국민이 능동적으로 행동하고, 행위하게 하여야 한다. 정치하는 사람들은 미래의 정문안을 가져야 한다는 것이다.

정치는 잘 모르지만, 정치가 세인들의 입에 오르내리는 풍자나 회화화와 술안주의 대상이 되어서는 안 된다. 자중이 있고, 심도 있는 발전의 뜻과 의견이 오가는 대상이 되어야 한다.

그러나 정치하는 사람들은 아랑곳없이 후안흑심을 즐기고 있는 것 같다. "인류에게 가장 큰 비극은 지나간 역사에서 아무런 교훈을 얻지 못하는 데 있다"고 토인비는 말했다.

마음의 화합은 순간이고, 이익의 화합은 영원하다는 헛된 망상에 빠져서 정치하는 사람들이 있는 이상 대한민국 국민들은 그냥 살아내야 하는 운명을 가진 국민이 된다.

국민들의 삶은 자기가 만들어 가는 독립체제가 여태까지 이어지고 있는 것이 대한민국의 삶이다. 그렇다고 국민이 정치에 관심을 가지지 않으면 정치는 망가져 결국 국민이 촛불을 들어야 하는 고생을 한다.

정치하는 사람들이 만든 법과 제도 속에서 국민은 산다. 그중에 국회는 법 제정과 국가 질서를 담당하기에 삼권(입법, 행정, 사법) 중 가장 위에 있다.

국민들은 정해진 생활의 틀을 부여받고 산다. 정치하는 사람들도 자기 이익을 배제하고 국민과 함께하며, 권한 행사를 줄여야 한다. 일반 국민과 똑같이 살면 어떨까?

사람을 진화시키고, 진보시키는 것은 물질의 본질을 알게 하는 것이다. 본질을 알면 그 물질의 특성을 알 수 있다. 그리고 본질을 만드는 요소를 찾을 수 있다.

이것에 따라 정치하는 사람들은 나름의 방정식을 정해야 한다. 이것을 정치하는 사람의 덕목이라고 한다.

국민과 마음을 연결한다고 소통관을 짓고, 말과 행동을 조심한다고 1,000톤의 모자를 쓴 국회의사당, 국민의 의견을 모은다고 국회의원회관을 가지고 있으며, 사랑을 배우겠다고 사랑재를 가지고 있는 대한민국의 국회다. 뜻과 의미를 같이하고 있는지 모르겠다.

어제의 한강 물은 오늘의 한강 물과 다르다. 어제의 국민과 오늘의 국민이 다르다. 정치하는 사람들은 대한민국 국민을 때와 장소에 맞게 다른 사람으로 인정하면서 마음과 정신을 논해야지 국민도 모르면서 정치를 이야기하는 것은 잘못이다.

정치하는 사람들은 국민들이 "죽겠다"고 하는 삶의 소리를 잘 새겨들어야 한다. 그것은 "정치하는 사람들 때문에 힘들어 죽겠다"는 다급한 생존의 몸부림이란 것을 눈치채야 한다.

지금 정치하는 사람들은 정치를 배운 적이 없다. 오랫동안 정치하는 사람들의 보좌관, 비서관 경험으로는 새로운 시대의 정치를 할 수 없다. 그래서 대한민국의 정치가 이렇다. 자신의 욕망을 절제하지 못하면 다른 사람을 절제하게 할 수 없다.

국민 속에서 국민과 같이 호흡하면서 의식주를 같이하고, 정치의 밑바닥을 바꾸어야 한다.

정치는 어렵다. 모르면 큰소리만 친다. 지금이 그렇다. 듣는 것보다 봐야 하고, 보는 것보다 행동하고, 머릿속에 지식과 지혜를 넣어서 국민을 위해서 새로운 것을 창조하고 창의해야 한다.

대한민국의 정치는 국민이 고수다. 현장에서 답을 찾는 정치가 훌륭한 정치가를 만든다. 사회적 갈등은 정치하는 사람들 때문에 생긴다는 것을 알고, 권력 놀음에서 실사구시의 실리정치로 정치를 바꾸어야 한다. 시대의 요청이다.

가장 잘하고 있는 정치가 초등학교 학급회의이고, 가장 못 하는 정치가 국회가 하는 정치다.

이 책의 주제는 국회의원을 선택할 때 국회의원을 선택하자는 것이다. 국회의인, 국회의민, 국회의구는 선택하면 안 된다. 정치가를 선택해야 한다. 정치인이나 정치꾼을 선택하면 안 된다.

정치하는 사람들은 국민과의 소통과 세상의 변함에 대한 예측력을 가져야 한다. 정치하는 사람들과 이야기를 해보면 일이 많다고 한다.

국민을 위한 일을 하면서 일이 많으면 다행이다. 그러면 일을 하면서 소통과 예측력을 가질 수 있다. 국회의원은 임기로 일하고, 국회의인, 국회의명, 국회의구는 시간(평일 9시~18시)으로 일한다.

정치하는 사람들은 의무와 임무를 충실히 하려면 공부를 많이 하여야 한다. 국회까지 올 때, 보고 들어야 할 일과 현황이 많을 것이다. 그것이 공부의 커리큘럼이다.

금천인 한강을 건너면서 사악하고 음흉한 마음과 정신을 버리고, 마음도 국민의 마음으로 바꾸고, 정신도 국민의 정신으로 바꾸어, 의원회관의 임대료를 국회의원인 정치가의 마음과 정신으로 낸다는 자세를 가져야 한다.

특권은 순간이고, 만든 법의 정신은 영원하다는 것을 명심하고, 멋진 법 하나 잘 만들면 명성이 100년 이상 갈 것이다. 지금 국회의 슬로건이 '새로운 희망을 만드는 국회'이다. 희망을 만들지 말고, 새로운 현실을 만들어야 한다.

이런 메시지를 국민은 기다린다.

목차

除舊布新

: 낡은 것을 없애고 새로운 것을 펼침

프롤로그 국회다운 국회를 보고 싶은 사람들에게

제(除)
: 덜어내고 나눈다면

구(舊)
: 헌 것이 새것으로 바뀌고

제(除)

: 덜어내고 나눈다면

이런 연설문

- 이성과 감성과 신뢰
- 나라가 번영하면 인재가 귀하고, 집이 부유하면 아이들이 교만하다.

나라가 번영하면 인재가 귀하고, 집이 부유하면 아이들이 교만하다. 지금과 같은 인물난의 시대가 대한민국의 역사에 있었던가? 나라가 번영한 것도 아니고, 부유한 것도 아닌데 인물난의 시대다.

이런 시대에 바르게 처세하려면 올바르게 듣고, 바르게 행동하려면 이성의 능력이 강해야 한다. 이성은 신이 사람의 몸에 마지막으로 만들어 넣은 것이라고 한다. 감성은 본성을 울림과 떨림에 맞추어 상대를 조율하는 것이다. 신이 사람의 몸에 처음 만들어 넣은 것을 감성이라고 한다.

이성과 감성을 남에게 맡기는 것을 신뢰라고 한다. 신뢰와 감성과 이성은 아리스토텔레스가 수사학에서 청중을 사로잡는 설득의 삼 요소라고 하였다. 설득의 강연 기술이 연설이다.

연설은 청중의 신뢰와 이성과 감성에 호소하는 의사소통의 기교다. 정치하는 사람들이 매력을 느끼는 것이 연설이다. 연설은 삶의 역사를 보여주는 매력적인 표현으로 사람과 자연이 같이 알아들을 수 있어야 좋은 연설이 된다고 한다.

연설은 에토스(ethos)가 주인이며, 로고스(logos)와 파토스(pathos)가 균형을 조절한다. 이 세 가지의 배분율이 사람들의 마음을 엉기게 하여야 대중효과가 나오는 것이다.

그중에 사람의 마음을 많이 움직이는 것은 파토스다. 이 말은 쾌(快), 고(苦), 정(情)이 기본으로 감정에 같이 있기 때문이다.

국민이 정치하는 사람들을 볼 때는 말하는 것을 보지는 않는다. 그 사람의 연설을 생각하고 당사자를 상상한다. 연설의 태도, 내용, 청중에게 베푸는 정과 논리를 상상하고 신뢰성을 판단한다.

이러한 이론을 생각하면서 지금의 대한민국 국회를 보면 생각나는 연설문이 하나 있다. 이 연설문에 신뢰와 논리와 감정이 어떻게 배분되었는지는 모른다. 그러나 혼란을 수습하고, 자신의 정치를 실행하였다는 것에는 경의를 보내고 싶다.

혼란을 수습할 때 위계질서에 의한 것은 정상적인 상황을 말하는 것이고, 하극상은 불가피한 상황을 이야기하는 것이다.

제이콥 필드가 쓰고, 매일경제 신문사에서 번역한 《역사를 바꾼 위대한 연설》(2014)에 나오는 영국의 '잔부의회 해산을 위한 연설'이다.

여러분들이 의원직을 사임해야 할 때가 온 것 같습니다. 여러분은 모든 덕행을 경멸하고 악덕을 행함으로써, 의회의 명예를 훼손하였습니다. 여러분은 당파심이 너무 강해 선정(善政)에 적과 같은 존재들이 되었습니다. 여러분은 탐욕에만 관심을 갖고 있는 악마와 같습니다.

여러분은 에서(Esau)가 죽 한 그릇 때문에 조국을 판 것이나, 유다(Judas)가 적은 돈을 위해 하느님을 배반한 것도 환영할 것입니다. 여러분에게 남은 미덕이 하나라도 있습니까? 여러분이 저지르지 않은 악덕이 하나라도 있습니까? 여러분에겐 종교도 없습니다.

여러분의 하느님은 곧 금(金)입니다. 뇌물을 위해 양심을 팔지 않은 사람이 있습니까? 영국의 안녕을 조금이라도 걱정하는 사람이 있습니까?

여러분은 마치 부도덕한 창녀와 같습니다. 그 부도덕성과 사악한 악행으로 신성한 의회를 더럽혔고, 하느님의 교회를 도둑의 소굴로 바꿔놓았습니다.

여러분은 우리 영국에 더 이상 참을 수 없을 만큼 끔찍한 존재가 되었습니다. 국민은 고충을 해결해 달라고 여러분을 의원으로 위임했지만, 이제는 여러분이 가장 큰 고충거리가 되고 말았습니다.

이제 우리 조국이 저에게, 여러분이 의회에서 행하는 악행을 막고, 더러운 마구간이 된 의회를 청소해 달라고 요청하고 있습니다. 하느님의 도움과 하느님이 주신 힘으로 제가 그 요청에 답하려고 합니다.

이제 여러분의 삶에 위험이 닥칠 것이니, 이 의회를 바로 떠나십시오. 타락한 금전의 노예들은 당장 떠날 것이니, 빛나는 권표(權標)도 들고

문을 닫아주십시오. 주의 이름으로 명하니 어서 떠나십시오.

위 내용은 청교도 올리버 크롬웰의 연설문이다.

이 연설에서 나라 이름만 대한민국으로 바꾸면 2024년 현재의 대한민국 국민들이 대한민국 국회에 대하여 어떤 느낌을 가질까 궁금하다. 모든 것은 쇄신하는데 대한민국의 정치는 뒤로 가고 있으니 걱정이다.

물론 정과 반의 이론이 있다. 그래서 49:51의 2% 때문에 다수는 좋지 않은 소리를 듣는다는 것도 본인들이 더 잘 알고 있을 것이다.

국회는 민의의 장소이고, 그곳에서 정치하는 사람들은 국민들의 균형추가 되어서 자신은 생각하지 않아야 한다.

올리버 크롬웰이 가지고자 했던 균형 축의 초심은 잘 지켜지지 않았다. 그래서 찰스 2세가 왕정복고를 하고 나서 웨스트민스트 사원에서 올리버 크롬웰의 시체를 꺼내어 자기 아버지 찰스 1세가 죽은 1월 13일에 부관참시를 하였다.

인생의 회한이 무엇인지는 알 수가 없으나 정과 반은 합으로 뭉쳤다가 또 분리된다는 사람들의 논리는 발전되지 않고, 현재도 이어지고 있다는 것은 대한민국의 정치를 봐도 알 수 있다.

브루투스와 안토니우스의 '카이사르 죽음에 대한 멋진 공격과 방어의 연설'이 그리워지는 즈음이다. 상대를 존중하면서 서로 비판하는 말 기술이 말의 예술이다. 경쟁이 아닌 대결의 정치를 국민은 바란다. 차별이 아닌 차이의 정치를 국민은 원한다.

연설은 "누가 무엇을 누구에게 어떤 방법으로 어떤 효과를 가지고 말하는가"라는 다섯 가지 요소가 있다고 한다. 여기에 에토스(품격, 인격, 신뢰 60%), **로고스**(이성 10%), **파토스**(감성 30%)가 조합되어야 명연설이 된다고 한다.

분명하고 생생한 공감성이 전해지는 명연설도 행동이 따라야 국민이 존경한다.

대한민국 국민은 많은 세월을 참고 견디는 DNA를 가지고 있다. 고갯길은 돌아서면 새로운 고갯길이 보인다. 새로운 고갯길에는 새로운 것이 있을 것이라고 믿는 사람들이 대한민국 국민이다.

대한민국 국회는 대를 바꾸어도 그렇고 그런 길만 가고 있다. 그래도 대한민국 국민은 기다린다. 계속 좋은 길을 요구하면, 좋은 연설문과 탁월한 정치 능력이 나올 것이다.

생각이 무서워서 생각하지 않고, 살고 싶어 하는 국민들의 마음은 누가 언제 헤아려 줄꼬? 진정으로 대한민국 국민을 위하는 멋진 연설문 하나 남겨두고, 허허히 휘파람 불며, 떠나는 뒷모습 보여줄 정치가는 언제나 나오나?

양말산

— 닫힌 성보다는 열린 길

한강이 햇살을 받아 반짝이면서 여의도를 감싸고 흐른다. 흐른다는 것은 삶의 길을 새롭게 한다는 것이다. 여의도의 길이 흐름의 물결 속에 비친다. 양말산과 밤섬의 흙과 돌이 여의도의 길을 새롭게 하였다.

여의도에 길을 다져놓으니 "성을 쌓는 자 기필코 망할 것이며, 끊임없이 이동하는 자만이 살아남는다"라는 돌궐의 명장 톤뉴쿠크의 말이 도로공사와 정치를 하는 사람들에게 자신감을 주었으리라.

닫힘이 없는 열린 세상으로 가는 길이 길다운 길이다. 삶의 다양성은 닫힌 성이 아닌 열린 도로가 찾아준다. 서울의 길은 여의도로 통한다고, 양말산이 국회의사당을 지을 터에 터 무늬를 바꾸면서 예언하였을 것으로 본다.

한강이 국회의사당의 금천이 되고 안산이 되었다. 6개의 다리가 만남의 교차로가 되어 여의도를 새롭게 만들었다. 언론, 금융, 국회를 불러들여 민의의 집결지가 되었다. 지금도 길과 물과 빛과 바람이 일체가 되어 민의를 모으고 있다.

양말산은 본 설계가 변경된 국회의사당의 63.75m의 키와 연면적 8만 1,443㎡의 무게를 견디고 있는 대단한 응결력을 가진 산이다.

양말산은 50여m의 높이였다. 자신보다 더 크고 무거운 객체를 받쳐준다는 것은 희생 중에서도 최대의 떠받침이다. 이런 희생정신을 정치하는 사람들은 본받아야 한다.

양말산은 여의도에서 대접받는 산이었는데 자신을 잊고, 손님을 기쁘게 모시고 있다. 국회를 왕래하는 사람들이 양말산을 생각하며, 희생정신과 배려의 삶을 배우기를 나는 바란다.

양과 말이 한가하고, 평화롭게 노닐던 놀이터가 양말산이었다. 그 산의 높낮이를 조정하여 국회의사당이 세워졌다. 의사당은 본 얼굴을 버리고, 성형한 얼굴로 세워졌지만 그리움을 잊어버리고, 진실의 빛과 웃음이 다시 새겨져, 지은 지 50년(知天命)이 되는 2025년이면, 의사당이 제 능력을 보여주리라 기대한다.

여의도는 '너 여(汝)'자를 쓴다. 언론, 금융, 국회는 객체인 너를 중심으로 하는 것이 본연이지 나를 위한 것은 아니니 여의도라는 지명은 선견지명이 있는 터다.

지금 국회의사당이 있는 곳이 양과 말을 키우던 양말산의 터였다. 양은 유화하고 온순하며 겁이 많다. 눈은 세밀하게는 못 보지만 귀는 밝다. 그리고 잘 속는다. 귀소본능도 강하다고 한다. 곧 대한민국 국민의 품성이다.

말(馬)은 360도의 사면팔방의 소리를 탐지하고, 350도를 볼 수 있는 넓은 시야를 가지고 있다. 시속 60~70km의 빠름과 탁월한 후각 능력도 가지고 있다. 이 또한 넓은 세계관과 빠름을 가지려는 대한민국의 국민성이다.

양과 말을 보면 대한민국의 정치가 보인다. 국민은 양과 같이 온유하고, 온순하며, 평화롭고, 자유로운 삶을 원하고, 말과 같이 세상을 많이 보고, 새로운 소식을 많이 듣고 싶어 한다. 세계를 보면서 350도의 방향을 살피는 능력도 대한민국 국민은 가지고 싶어 한다.

이런 국민의 욕구를 실현시켜 주려고 노력하는 것이 정치 아닌가? 이래서 양말산에 국회의사당이 건축되었다.

양과 말이 놀던 터에 대한민국의 국회가 들어섰다. 그 후에 양과 말은 보이지 않고, 여우와 늑대가 우글거리는 소굴의 터가 되었다. 여우는 영리하고, 교활하며, 늙은 여우는 요술을 부린다. 늑대는 집단생활을 하며, 우두머리는 무리를 하나로 엮는다.

힘의 논리가 있다는 것이다. 공천 한 번 더 받으려고 아부하고, 아첨하고, 아양 떠는 꼴이 생겨난다. 참 생각하기도 싫은 일반 국민들의 한숨 소리가 오늘도 이곳저곳에서 들려온다.

여우와 늑대가 시끄럽게 어울리면 무엇이 좋은 것이고, 무엇을 잘하는지 알 수가 없다. 홀로 외로이 마음의 눈을 볼 수 있어야 국민의 뜻을 읽을 수가 있는데.

여의도 면적이 8.4㎢이고, 국회의사당의 연면적이 8만 1,444㎡이다. 정치하는 사람들은 8자만 보면 남북한 국민과 국토를 생각하고, 3자만 보면 부속도서와 바다를 생각하라고 양말산이 고통을 참으며, 국회의사당을 받치고 있다는 것을 알아야 한다.

정치꾼은 고기를 좋아하고, 정치인은 잡식이고, 정치가는 초식을 좋아한다고 한다. 정치꾼과 정치인은 자신들만 아는 부류이고, 정치가는 시민과 같이 호흡한다는 뜻이다.

양과 말은 초식동물이다. 여우와 늑대는 육식동물이다. 초식동물은 부드럽고 인자하다. 여의도는 초식동물이 근본인 너를 위한 정치가의 동네이지, 나를 위한 정치인이나 정치꾼의 동네가 아니다.

위하여(與), 위하야(野)는 여우와 늑대의 틀을 벗고 양과 말 같이 위하자(慈)를 외쳐야 한다. 화합은 위하여(與)가 만드는 처세술이다.

강자가 배려하면 이것이 곧 화합이고, 약자가 배려하면 이것이 곧 융합이다. 정신의 화합이나 융합은 잠시이고, 이익의 화합이나 융합은 일상적이라고 한다. 잠시든 일상적이든 가끔이라도 여와 야가 화합과 융합을 보여주면 양말산의 힘이 빠지지는 않을 것이다.

강한 동물은 무리를 만들지 않는다. 정치하는 사람들이 더 강하게 자신을 단련하여 아부하고, 아첨하고, 아양부리는 무능력자가 되어서는 안 된다. 아부와 아첨과 아양은 유통기한이 짧다.

양말산이 깎여있다고는 하나, 뿌리의 기(氣)는 강하게 버티고 있다. 강하게 자기 뜻을 추구하면 정치하는 사람에게는 양말산이 필히 보답할 것이다. 국회의사당이 지천명이 지나는 2025년에는 국회도 화합하고, 대한민국을 위하여 정치하는 사람들이 국회의원이 되어 국회로 모일 것이다. 2025년부터는 위대한 지도자가 나올 때이다.

나는 국회를 '위하여(爲), 위하야(呀)'라고 한다. 존중하고 더 위해주고 싶어서다. 위하여(爲), 위하야(呀)는 위대한 지도자가 나오면 지도자를 필두로 국민을 위하자(慈)가 슬로건이 되어야 한다. 그렇게만 되면 여태껏 정치하는 사람들을 욕하던 국민들도 지도자를 따를 것이다.

국회의사당의 머릿돌에 "대한민국의 국민을 위하자(慈)"라고 새긴 편액이 걸릴 때 국민은 양과 말을 그리워하며, 양말산과 같이 기뻐할 것이다.

정쟁을 벌이더라도 지나간 일로 벌이면 안 된다. 양말산이 화를 내면 슬픈 미래가 올 수도 있다. 지나간 것은 재발을 방지하자는 참고의 대상이지 미래의 길은 아니다.

국회형(國會兄)에게

- 기대와 바람의 기도
- 권력이 목적이어서는 안 된다.

완전한 비교를 하는 이는 하느님입니다. 삼층천 높은 곳에서 보면 정확한 비교가 되죠. 자질구레하게 상대를 비교 대상으로 보지 마세요. 비교는 인간의 것이 아닙니다. 국민의 비교는 신(新)인데, 정치하는 사람들의 비교는 과거입니까?

형이 1948년 5월 31일생이고, 지금이 2024년이니까 국회형도 76살이나 되었네요. 임시정부인 1919년 4월 10일부터 1945년 8월 22일까지 26년을 더하면 102살이나 됩니다.

임시정부는 말 그대로 임시라 하고, 형이 1948년에 태어나면서 12번의 이사를 하여 본가를 1975년에 마련하였으니 얼마나 자긍심이 대단해지던가요?

집 없는 서러움을 무던히도 견디면서 자가를 마련하였을 때는 세상이 모두 형 것 같았지요? 그런데 지금은 왜 집 없는 서민들 신세를 그리도 몰라주는지요? 태생이 제가회의, 화백회의, 정사암 회의의 DNA를 가졌기 때문이겠지요.

나 같은 서민은 큰 기대를 하지는 않고 있지만, 그래도 형이 관심을 가져주리라 믿어요. 여의도로 이사한 지가 49년이니 지천명이 내년 아닙니까? 형이 앉아있는 의사당이 원래 양말산인데, 양말산의 높이가 50m라고 합니다.

형이 여의도로 온 지 내년이면 50주년이고, 없어진 양말산의 높이가 50m이니 내년이면 길운이 형에게 올 것 같아요. 50살은 지천명이라고 하잖아요.

아무리 태생이 귀족 DNA를 가졌다고 하더라도, 형은 국민 중에 서민이 더 많다는 것을 알고 처세를 해야 합니다. 싱가포르의 리콴유가 그 많은 동족인 중국계를 의식하지 않고, 두루 보살펴서 지금의 싱가포르를 만들었잖아요.

평등이란 말은 함부로 하지 말아주십시오. 평등은 신들이 쓰는 말이니까요. 고루고루 잘 살게 바쁘게 움직여서 행동의 꽃을 피워주시기 바랍니다.

형께 드릴 부탁이 있습니다.

① 정치적 갈등이 정당 간에 너무 심해요. 이것을 없애주세요. 위하여(與)와 위하야(野)를 위하자(慈)로 바꾸면 돼요. 헌법은 하나인데 두 헌법을 가지고 있는 것 같아요. 지금 헌법대로만 하면 싸

우지 않아도 되니 헌법 공부를 형의 가족들이 할 수 있게 하고, 서로 사랑하는 분위기를 만드세요.

그리고 국회의사당의 본회의장이나 위원회의 좌석 배치도를 없애고 신분증을 목에 걸고, 선착순으로 자기 앉고 싶은 곳에 앉게 해주세요. 지금은 당파시대의 본회의장이 아니잖아요? 쓰레기 분리 수거장도 아니잖아요? 서로 섞여야 정과 사랑이 오가지요. 그러면 시간이 걸려서 그렇지 잘될 겁니다.

② 국민의 이익을 존중하고, 윤리의식을 확립하여 국민들로부터 신뢰를 회복하여야 합니다.

국민들은 잃어버린 나라를 찾아서 이만큼 발전시킨 능력이 있는 국민입니다. 국회형의 가족들보다 훨씬 앞서 있는 생각을 가지고 있다는 말입니다. 1970~1980년대 운동권이 국민 이익을 존중하고, 윤리의식을 확립하고, 국민들의 신뢰를 얻었나요? 욕심과 욕망을 털어내고 정치를 직업으로 하지 않고, 묵묵히 사는 민주화의 기여자가 더 많아요.

세상은 운동권이 활동하던 세대를 넘어 하루하루가 다른 조류를 넘어가고 있지요. 깨어나야지요. 자기 시절의 느낌에서, 자기 시절의 지식에서, 자기 시절의 자가당착에서 깨어나서, 아이들의 눈으로 세상을 보고, 중립의 의지를 찾아야 정치하는 정치가가 됩니다.

추종자가 되지 말고, 지도자가 되도록 정치하는 사람 300명을 독려해 줘요. Candidate는 흰옷의 어원에서 나왔어요. 출마 후보

자는 당선되어도 순백색의 마음이 변하지 않아야 되는 것입니다. 정치하는 사람으로 당선되면 초심을 지켜야 지도자가 되죠.

③ 세상의 흐름에 따른 먹거리를 선점해야 합니다. 관련하여 법을 미리 제정해야 합니다. 세상의 정보전은 갈수록 치열해지고 있어요. 형태 없는 돈 때문에 화폐와 동전들이 고난을 겪고 있지만, 화폐가 개입되어서 사람들을 홀리고 있습니다.

국회형은 기술의 정보를 지켜줘야 하고, 세상의 흐름을 공업, 과학, 기술에 인문학을 더해서 세상을 미리 읽는 지속개발 가능 전문가를 육성할 수 있도록 제도를 만들어야 합니다.

지속개발 가능 전문가들을 위한 기술 관련 법(앞서가는 기술을 위한 법) 등을 6개월이라도 먼저 만들어서 준비하고 있다가, 때에 맞게 수정, 공포하여 국민들의 나아갈 길을 터줘야 해요. 제발 성을 쌓아 안전을 추구하지 말고, 길을 만들어 세상과 통하게 해주셔야 됩니다. 그래야 국민들이 먹고살 수 있는 능력이 향상됩니다. 형이 능동적으로 변해야 국민이 능동적으로 행동합니다.

시빌레의 미래 예언서 3권이 로마를 지켰다는 것을 알고 계시죠? 시빌레의 과거, 현재, 미래의 예언서 9권이 모두 있었다면 로마는 끝없이 융성했을 것이라고 합니다. 시기를 놓치면 후회합니다. 국회형이 후회할 짓을 하면 안 되잖아요. 때를 놓치면 불행에게 기회를 준다는 말이 있어요.

국민들의 능력 좀 키워주세요. 각종 위원회보다 고용, 환경, 생존여건인 기후, 교육, 인구 등을 포함하는 지속개발 가능 위원회를 만들어야 합니다. 실력을 가진 직능별 비례대표의원으로 구성하면 됩니다. 그래야 대한민국이 국제화의 리더가 됩니다.

④ 한국어를 UN 공용어로 쓸 수 있게 해주세요. 지금 UN 공용어는 영어, 프랑스어, 스페인어, 중국어, 러시아어, 아랍어로 6개 국어입니다.

형의 가족인 의원께 이 말을 했더니 "불가능합니다"라고 합디다. 우리가 언제 가능한 것만 했나요? 불가능하니까 가능한 것 아닙니까? 도전해 보자고, 형들의 가족들에게 독려해 주세요. 하다가 안 되면, 한 것만큼 대한민국이 알려집니다.

지금 세종학당이 세계에 234개소가 있다고 합니다. 홍익인간을 슬로건으로 한번 도전해 주세요. 우리말은 큰 말입니다. 인구수도 괜찮아요, 세계는 현재 대한민국의 문화와 먹거리를 연구하고 있으니 안심하시고, 뜻을 모아서 시작해 보십시오.

⑤ 대한민국의 국회에서 정치하는 사람들은 지역에 신경 쓸 여유가 없어요. 국가 일에만 관심을 가지게 해주세요. 돈 문제인데요, 지역구 예산이 아닌 국가를 위한 예산을 심사해야 합니다.

내 돈은 달빛이지만 남의 돈은 햇빛이라고 했습니다. 내 돈은 내가 쓰고 싶은 데 쓰지만, 남의 돈은 모두가 만족하게 써야 합니다.

대한민국은 300명의 정치하는 사람을 가지고 있습니다. 그런데 국회의원은 한 명도 없어요. 기초의원도 하고, 광역의원도 하고, 국회에서 정치도 하니 몸이 얼마나 바쁘겠습니까? 국회의원은 옛날의 지방 호족이 아닙니다. 지역의 왕이라고 하는 것은 어불성설입니다. 그러니 국회의원은 국가일에만 충실하도록 해야 합니다.

국회형

그리고 입법 관련이나 국회업무를 수출해 본 경험이 있는지 묻고 싶어요. 산업 발전에 앞서 나가는 법을 만들어야 합니다.

지식이든 물건이든 수출을 해봐야 수출업의 미래를 아는데 안 해봤으면 듣고, 배우기라도 많이 해야 합니다. 우리는 지식을 수입하는 수입국입니다. 나라를 위해 자신을 잊어버리고, 열심히 일하면 지역의 국민이 인정해 줍니다. 선거할 때 지역에 한 일을 이야기하지 말고, 국가에 이익을 준 이야기를 하면 국민 의식이 더 넓어지지 않을까요?

아부, 아첨, 애교를 필요로 하지 않는 강한 자신이면 나라에 봉사를 한 번만 할 것이라고 생각하면 됩니다. 그래야 큰 인물이 되는 것입니다.

⑥ 기후, 인구, 교육 등 미래에 관한 사항이 현실화될 가능성이 있으면, 법을 미리 만들어서 국가의 갈 길을 세워야 합니다. 기후와 인구 문제는 대한민국뿐만 아니고 전 세계적인 문제입니다. 북극 이사회가 욕심내는 것은 앞서가야 선점할 수 있다는 것입니다.

북극의 얼음이 녹는 것, 우주문제 등 기후변화에 대한 대한민국의 준비는 국회형의 가족들이 잘 준비하고 있는지요? 정말 심각하게 필요한 준비 대상입니다. 싸우면서 내 탓, 네 탓 할 때가 아닙니다.

인구 문제도 심각합니다. 아이들의 의 · 식 · 주에 관한 물품은 정부(국민은 죽을 때까지 세금을 내야 하기 때문에 아이들의 소모품을 비롯한 인구 관리는 국세청에서 업무를 시행)에서 많은 부담을 하는 등 아주 값싸게 공급하고, 공교육 기관은 주/야로 운영 담당자들을 구분하여 운영 하는 안을 가지고, 아이들을 돌봐주면 학부모들이 일에 전념할 수 있을 것입니다.

국가 예산을 들여서 지은 국가시설(학교, 동사무소, 비어있는 군 검문소 등)을 충분히 활용해야 합니다.

기후, 인구, 교육, 각종 자원 등에 관한 것은 지엽적인 자기 이익 을 버리고, 진정한 국가와 국민을 위한 이익을 생각해야 합니다. 형이 가지고 있는 위원회 중에 지속개발 관련 위원회(공업, 과학, 기 술, 예술, 인문 등)를 제일 큰 조직으로 만들어서 대한민국의 미래를 준비해야 합니다.

⑦ 국회와 지방의회에서 정치하는 사람들은 상향식 공천이 필 요합니다. 국회나 지방의회에서 정치하는 사람들은 입법기관이기 때문에 누구의 간섭도 받으면 안 됩니다. 정치하는 사람들의 국가 관에 관한 자질은 지역의 국민들이 가장 잘 압니다.

그 지역 당원들이 뽑아서 공천을 요청하면 중앙당은 공천하면 되는 것입니다. 그러면 아부하고, 아첨하고, 아양 떠는 행태가 없 어지고, 자신의 의지대로 국민을 위할 수 있어요. 단점도 있지요. 그렇지만 장점이 더 많아요.

그리고 삼불기(민불능기, 민불인기, 민불감기)의 완성으로 정치하는 사 람들이 국민을 국민답게 볼 수 있습니다.

"국민이 잘나야 한다. 국민이 현명해야 한다. 국민이 무서워야 한다"이 말은 김대중 전 대통령의 명언입니다. 불립문자의 삼전어예요. 앞으로는 국민들이 이 말을 명심할 것입니다.

그리고 국회에서 정치하는 사람들은 정당 소속이 아닙니다. 당론으로 정치를 하면 국회의원은 정당 수만큼만 있으면 되잖아요. 국회의원은 1인이 입법기관이죠? 그래서 국가 소속입니다. 국민 소속입니다. 이런 의식이 필요합니다. 국민은 정치하는 사람들이 국가 소속의 의식을 가지고 있기를 바랍니다.

⑧ 비례대표로 정치하는 사람들은 무소속으로 하여 국회 소속으로 해야 합니다. 비례대표로 정치하는 사람들은 능력과 실력에 따른 전문가들로 뽑아야 합니다. 정치를 한다기보다는 전문분야를 분석하고, 조사하고, 법을 만들고, 의결하는 기관으로 봐야 합니다.

정당이 전문가들에게 관여하면 전문분야는 나쁜 결과를 만들어 냅니다. 우생학이 발달한 국회가 진화학을 더 발전시키는 것입니다. 세계의 국회에는 전문가가 법을 만드는 데 참여하는 비중이 높아진다고 해요. 이는 직능화된 비례대표 제도로 정치하는 국가들이 늘어나고 있다는 것입니다.

⑨ 모든 특권을 버리자고 형께 이야기합니다. 모든 권한과 특수권리를 버리면 정치는 선진화가 됩니다. 모든 권한과 특수권리를 버리면 대한민국에서는 서로 정치를 하지 않으려고 할 것입니다. 그러면 바른 국회의원(員)들이 똑똑한 정치가(家)로 재탄생할 것입니다.

귀빈도 아닌데 귀빈실을 사용하고, 공관영접 받고, 비행기 비즈

제(除): 덜어내고 나눈다면

니스석에 누워 가고, 공짜로 많은 시설을 이용하고, 국민들 눈치 안 보고, 국민이 눈치를 봐야 하니, 말과 행동이 이상한 세상을 우리는 흔하게 보고 있어요. 대중교통 이용하고, 국민과 함께 지냅시다. 그래야 국민의 생활을 알죠.

국회형

이 모든 특권 버립시다. 지금 형은 삼급수의 권한까지 가지려고 합니다. 불체포특권과 면책특권도 버리고, 일반인과 똑같이 지냅시다. 당론에 따르지 않는 소신이 있으면, 국민들이 특권을 고려해 보겠지요?

그리고 권력을 강화하지 마세요. 행정부에 가는 민원을 왜 국회형이 들고 처리하려 합니까? 행정부에 압력을 가하는 등 제발 그러지 말고, 자기 일만 열심히 하는 대한민국의 국회의원을 키우세요.

⑩ 보좌관과 비서관을 일반직 공무원으로 만듭시다. 국회형이 각종 위원회의 특성을 가진 전공별로 뽑아서 국회의원 앞으로 발령을 내고, 주기적으로 바꾸면 국회형의 일이 더 정직하고 깨끗하지 않을까요? 일은 정치하는 사람들이 하는 것이지 보좌진과 비서진이 하는 것은 아니잖아요.

2,000여 명의 공정한 일자리가 새롭게 생기는 효과도 있어요. 국회에서 정치하는 사람들은 위원회의 성격에 맞는 전문직이 아니고, 보좌진과 비서진도 전문직이 아닌 곳이 많습니다.

국민은 더 좋은 것을 기다리고 있어요. 현재를 이해하면서 말입니다.

⑪ 해외출장도 바꿉시다.

정치하는 사람들이 알아야 할 과제와 업무를 가지고 비행기의 이코노미석을 타고 해외에 나가는 것입니다. 배낭 메고 자동 통역기를 설치하여 혼자 나가서 업무를 봐야 많이 알게 됩니다.

여러 명이 나가면 수학여행입니다. 혼자 다녀야 학습이 되고 현황을 알 수 있어요. 여럿이 나가서 어깨에 힘주고 한 번 웃고 오는 것보다 실속 있고 실리 있는 자기발전이 중요하지 않을까요?

혼자 나가야 지식이 늘어나고 국민이 제대로 보입니다. 누구의 도움도 받지 말고, 내가 할 일이면 내가 최선을 다해야 내 것이 됩니다. 얼마나 멋진 처세일까요?

돈도 함부로 쓰게 하지 맙시다. 국민들은 세금 내느라고 너무 힘들어합니다. 형도 씀씀이를 줄여야 합니다. 뭔 건축물이 국회에 그렇게 많아요. 관리비가 많이 들지요?

⑫ 정기회기의 개회와 폐회 때 국민대표를 선정하여 연설하도록 해주십시오.

국민의 소리가 있는 곳에 국회형이 있어야 하기 때문입니다. 국민의 말이 총과 칼이 되어 정치하는 사람들을 설득할 때 정치하는 사람들은 국민이 무서워지고, 자신들이 조심하게 되기 때문입니다. 이것은 꼭 시행해 주셨으면 좋겠습니다.

어린이도 연설하고, 성인도 연설하고, 노인도 연설하는 나라라면 정치적으로 성숙되었다고 봅니다. 그리고 회기나 회의 때마다 국회의원 선서를 하십시오. 싸우는 모습과 모양 정말 보기 싫어요.

또한, 국회의원들이 임기가 끝나고 나면 백서를 만들어 형께 제출하라고 하세요. 국민에 대한 임기 완료 답변이기에 필요하다고 봅니다. 그 자료가 쌓이면 국가의 보물이 될 겁니다.

그리고 형은 국회실록을 만들어서 공개해야 합니다. 삼권 중 형이 제일 우선이니 국회에서 실록을 만들면 행정부나 사법부도 따라 할 것입니다. 이러면 멋진 나라가 되지 않을까요?

⑬ 우리는 정치를 보좌관이나 비서관을 하면서 전 근대적인 것을 배워서 정치하는 사람이 되는 경우가 있습니다. 정치는 배우는 것이 아니고, 도리를 익히는(習) 것입니다.

계층 간의 삶을 익히고, 자기 철학이 확립되었을 때 정치를 해야 합니다. 그래야 권력은 국민을 위한 것이라는 것을 알게 됩니다. 정치는 문제를 만드는 것이 아니고, 해결해야 하는 것입니다.

정치하는 사람들은 시간(9시에서 18시)으로 일하는 것이 아닙니다. 임기(4년)로 계속 쉼 없이 일하는 정신을 가져야 합니다. 그래야 국민 섬김을 알고, 협력이 무엇인지 알며, 공감하고 설득하는 정치가가 됩니다. 곧 국민이 행복한 국가가 되는 길이죠.

국민은 시간에 따라 다른 직업을 가지고 낮과 밤을 일하며 보내고 있어요. 정치하는 사람들은 권력이 목적이어서는 안 됩니다. 국민에게 돌려준다는 거룩한 사명의식과 소명의식을 가져야 합니다.

섬김과 협력, 공감, 설득의 특허가 스웨덴의 정치이죠. 이 나라의 국회의원 페르 알빈 한손과 타게 엘란 데르는 복지정책을 완성했어요. 복지정책의 완성 근거는 당신의 것과 나의 것에 대한 분명한 구분이었습니다. 볼펜 하나에도 정부소유라고 명기하여 사용하는 사람들이 스웨덴 정치가들입니다.

그러니 정치를 배우고 가르치는 프로그램을 국회에 국회형이 마련하면 어떨까요? 정치학교를 말하는 것입니다. 여러 가지로 많은 변화를 만들 수 있을 것 같아요. 너무 많은 요구를 했나 봐요.

국회형

국회는 힘의 균형을 만드는 곳입니다. 정치는 국민의 행동을 균형 있게 열정적으로 힘있게 해주는 것입니다. 국회형은 국민의 생명이어야 합니다.

여태까지는 국민이 어려운 일을 처리했지만, 이제부터는 국민에게 맡기지 말고, 국회형이 능동적으로 행동하여 해결해 주십시오. 국가가 어려울 때 국회형이 능동적으로 대처하여 국민의 수호자가 되어야죠? 여태껏 국민이 참여하여 바로잡았잖아요.

성실하던 사람이 권력과 친해지면 바보가 되고, 정당의 구성원이 되면, 아주 바보가 되는 것을 많이 봤습니다. 이런 것이 위와 같이 되어야 똑똑한 정당의 집단지성이 나타납니다.

올바른 정당, 즉 권력의식을 내려놓고 권력에 의지하는 기관의 힘과 국민의 힘이 균형을 이룰 때, 권력이 증가하고 서로의 다양성을 짓게 됩니다.

이것이 국회형의 역할입니다. 부탁 사항은 꼭 이루어지는 것이 아니라 기대와 바람을 기도하는 것임을 나는 잘 알고 있습니다.

소욕지족(少慾知足)이 국민입니다.

제(除): 덜어내고 나눈다면

구(舊)

: 헌 것이 새것으로 바뀌고

국회의원

- 원(員), 인(人), 명(名), 구(口)는 사람을 헤는 양수사이다.

- 국회의원은 정치가이며, 국민의 자랑거리다. 도끼와 관을 가지고 와서
  상소하면서 국민을 살리는 결기를 가지고 있다.

- 국회의인은 정치인이며, 국민과 얕은 친밀도가 있다.

- 국회의명은 정치꾼이며, 국민과 거리가 멀다.

- 국회의구는 정치 노리배이며, 국민을 속이고 기만하는 이기주의자들이다.

'나라 국(國)', '모을 회(會)', '의논 의(議)', '인원 원(員)'이 모여서 만들어진 글자가 국회의원이다. 여기서 의(議)자는 신에게 올바른 것을 묻는 뜻이고, 원(員)자의 원뜻은 둥글다는 뜻이었다고 한다.

　국회의원은 둥글고 모나지 않은 착한 국민들의 올바른 뜻을 모아 나라의 회의에서 법과 제도 등을 바르게 하는, 정치하는 사람들이다. 자기 통제를 기본으로 한 공공성을 중시하는 사람을 말한다.

　이것이 변질되어 국회의원이란 국민을 대표하여, 나라의 회의에 참석하여, 자신의 의견을 국민의 의견으로 펑계 대는 사람이 되어 버렸다. 특권을 가지고 국민과 다른 삶을 살기 때문이다.

일본은 '국회'를 일당(日當)을 뜻하는 dieta에서 유래한 diet를 영어로 사용하고 있다. '의원'은 congress, parliament를 일본인들이 번역한 말이다. 즉 '국회의원'이라는 말 자체에 일제의 잔재가 남아있다. 왜 우리는 입법기관의 주요직책인 국회의원을 우리 뜻이 담긴 우리말로 만들 생각을 하지 않았을까?

일당(日當)이라는 말은 '하루의 품삯'을 뜻한다. 이렇게 실리적인 일본을 의식하기 때문인지, 자신의 영달을 위해서인지 모르지만 정치하는 사람들은 선거 때만 되면 일제 잔재를 없애야 한다고 하면서 자신들의 호칭에 어떤 문제가 있는지 의식하지 못한다. 그런데 화제 한어(일본인들이 번역하며 한자어로 만든 것)는 일본인들이 개화기 때 서양문물을 번역한 것이다. 번역어 외 일본에서 만들어진 용어도 많다.

지금 우리 생활에 사용하고 있는 이러한 말을 제외하면 우리는 쓸 말이 없다. 아마 이 용어들을 모두 청산한다면 국회의원들도 국회에서 쓸 말이 많지 않다. '가결', '제출', '상정' 등의 단어도 일본의 잔재이기 때문이다.

일본잔재를 없애야 한다고 국회의원들은 관련 이슈가 있을 때마다 떠든다. 그리고 관련 법안을 '제출'했고 '상정'해야 한다고 한다. 이런 화제 한어와 일본에서 만들어진 용어를 우리말로 바꿔놓고, 일본잔재를 없애자고 해야 한다. 그것도 일본잔재가 아니고. 일제 잔재라고 하는 국회의구들이 많다.

스스로 일본을 제국으로 인정해 주는 꼴이니, 국회의구라는 못난 국회의원의 위치지만 내 눈에는 우습게 보인다.

그리고 국회의원의 권위를 생각하면 양수사가 떠올려진다. 사람 수를 헤아리는 양수사에 원(員), 인(人), 명(名), 구(口)라는 것이 있다. 신라 장적, 고려, 조선시대의 분재기, 경국대전 등에 나온다.

원(員)은 관원이나 양반 사족, 3품 이상 당상관까지 관직이 높은 사람을 셀 때 단위이다.

인(人)은 각 관아에서 문서를 관장하던 서리, 보통 양반, 낮은 벼슬아치를 셀 때 단위이다.

명(名)은 각종 장인들, 보통의 평민을 셀 때 단위. 오늘날은 사람을 헤는 양수사가 명으로 되어가고 있다. 신분제를 극복한 차상위 언어가 보편성을 가질 것이다. 이것을 보더라도 대한민국 국민은 겸손하다.

구(口)는 노비, 동물, 시체를 셀 때 단위이다.

이것으로 본다면 국회의원이 대단한 계급, 서열과 같이 보이지만 우리의 신분제는 변동이 있을 것이다. 신분은 자랑거리가 아니다. 원(員)은 수를 헤는 단위일 뿐이다. 겸손을 알려주는 말이다.

국회의원은 국민과 같이 생활하고 서로의 어려움, 고통, 기쁨을 같이하는 사람이다. 정치가이며, 국민의 자랑거리다.

국회의인은 국민과 어느 정도 가까운 거리를 가지는 사람으로 정치인이다.

국회의명은 국민과 조금 떨어져 있으며, 정치꾼으로 생각한다.

국회의구는 국민을 평계로 자기 마음대로 하는, 정치 노리배 수

준이다.

나는 이와 같은 생각으로 정치하는 사람들을 구분하여 지켜보고 있다. 앞에서도 이야기했지만, 의원은 일본의 번역어이다. 국어학자들이 우리말로 바꾸었으면 하는 단어이다. 정치라는 말도 농경시대의 대변어다. 농사가 삶과 정치의 근본이다. 정치를 다른 말로 바꾸면 대한민국의 정치가 달라질 것이다.

정치가는 존경을 받아야 한다. 존경을 받기 위해서 대다수의 인(人), 명(名), 구(口)는 자신의 뜻을 정리해야 한다. 관직은 내 뜻을 펼치기 위해 선택하는 것이다. 내 뜻을 실현하기 어렵다고 생각되면, 선택하지 않는 것이 올바른 가치관이고 태도이다.

관직에 얽매이지 않고, 자기의 뜻을 펼쳐야 자유롭고, 많은 사람들로부터 존경을 받는다. 이것을 두고 세상을 바르게 읽고 본다는 것이다.

눈의 사용법과 눈의 기능에 집착하면 새로운 눈을 가질 수 있다. 말의 효용은 행동이 만들지만, 생각의 효용은 눈이 만들고, 정신과 마음이 보강한다. 마음으로 볼 수 있는 힘 이것이 정치의 안목이 말하는 정치발전이다.

정치하는 사람들이 보는 것과 아는 것이 기존의 한계에서 벗어날 때, 말과 행동의 바름이 보장된다. 틀을 파괴하는 자유가 습관이 될 때, 행동의 바름이 정신적으로 풍부한 자유의지와 상상력을 길러준다.

정치하는 사람들은 말도 제대로 된 문장으로 말을 해야 한다.

구(舊): 헌 것이 새것으로 바뀌고

줄인 말은 나를 줄인다는 것을 알아야 한다. 문장으로 말을 해야 세상을 완전하게 본다. 법도 완벽하게 만들어 국민들을 활기차게 해야 한다.

활기는 넓은 곳으로 향하는 힘이다. 활기 있는 정치와 활기 있는 우주론을 알면 자연의 힘과 함께할 수 있다. 자연의 법칙은 예외가 없다. 그리고 배신하지 않는다.

자연의 힘은 다중우주론을 지구의 팽창으로 인식시킨다. 지구가 가진 다자주의(multilateralism)에 의한 갈등의 해결방안이 오늘날의 국민이 필요로 하는 것이다. 모자이크 이론의 확대개념이다. 국회의원은 알고 있다. 국회의인과 국회의민, 국회의구는 모른다.

민족주의는 국가 위기의 해결책이 아니다. 젊은이들이 주장하는 문화 정신주의가 다자주의와 세계화를 성립시키는 메시지다. 국회의원들의 관심사항이 되어야 한다. 그래야 세계를 선도할 수 있다. 다자, 다문화가 열려야 제국이 된다.

다문화 정치가 예술과 과학과 철학이 공존할 때의 시대가 태평성대의 르네상스였다. 인간의 본성인 두려움은, 정치에 인문과 자연이 다문화로 통합되는 다자주의 시대가 되면, 상상과 이상의 희망으로 바뀐다.

정치하는 사람들은 통합의 능력이 강해야 하고, 정치가는 시대의 흐름에 민감해야 하는 만큼, 대립어를 가지고 통합의 미를 살려야 한다. 대립하지 않은 일은 통합의 대상이 되어서는 안 된다. 자기이익주의는 통합의 대상이 아니라는 이야기다.

통합에 대하여 우리는 대립개념의 말을 가지고 살고 있다. 대립 개념은 통합의 씨앗이 된다. 이 대립어를 하나로 보고, 갈등을 슬기로 바꿀 때 국민들을 평안의 시대로 안내할 수 있다.

좌와 우, 선과 악, 강과 약 등 대립어는 따로따로가 아니다. 정치에서만 따로 본다. 이것을 하나로 볼 때 국회의원인 정치가가 된다. 대립은 서로를 발전하게 이끌어 주는 쌍끌이다.

대립을 잘 생각해 보면 같이 움직이고 있으면서, 서로를 외면하는 것 같이 느껴진다. 정치는 물체와 생각을 하나로 보는 것이어야 한다. 불이일원론(不二一元論)이다.

좌우의 바퀴가 없으면 자동차는 쓸모가 없다. 정치하는 사람도 대립의 중재자로서 역할에 충실하고, 결론이 일심동체라는 것일 때, 국민들이 삶의 동력원으로 느낀다.

현대인은 기술, 과학, 공학의 발전에 종속되어서, 인지, 감성, 이성 능력이 매우 높아졌다. 정치의 인지, 감성, 이성 능력이 높아져야 국민과 삶의 박자를 맞출 수 있다.

정치의 과거는 경험할 수 없다. 전해오는 이야기로 경험하는 수밖에 없다. 우리가 1950~1960년대를 어떻게 살았고, 1970~1980년대를 어떤 시대로 생각했는지는 현장의 전설이 되어있다. 과거는 속이지 않는다. 우리가 어떻게 경제와 정치를 상승시켰는지를 항상 생각하며 현재를 보아야 한다. 아니, 현재를 관찰해야 한다.

어설픈 정치의구들의 잔재주에 놀아나면 또 과거는 현재가 된다. 잔재주를 부리기 위한 도금한 금배지보다, 있는 그대로의 은

구(舊): 헌 것이 새것으로 바뀌고

배지가 더 바른 현실의 가치관을 가진다.

용기는 정신과 더불어 있어야 하고, 긍정은 내 생각 전체에 있어야 하며, 희망은 온 누리에 있게 하여야 한다. 정치하는 사람들의 책임이다. 개인의 역량이 전체와 합이 되면 능력이 무한대가 된다.

또한 디오게네스가 해적들에게 잡혀 코린토스로 팔려 가 노예가 되었을 때, 자신의 주인이었던 크세니아두스를 노예처럼 지배했다. 국회의원이라면 이와 같은 용감함, 용맹, 대담함을 가지는 용기가 있어야 한다.

정치가인 국회의원이 진정한 용기를 만드는 결론은 자신감이다. 포퓰리즘은 용기가 아니다. 용기는 선택의 대상이다. 남이 벌어놓은 돈을 마음대로 쓰는 것은 용기가 아니고 도둑이다. 나랏돈은 국민의 것이라는 것을 명심해야 국회의원이다.

차별과 차이를 완전히 이해하는 사람, 정의, 자유, 평화, 평등에 대한 행동의식을 아는 정치하는 사람이 국민을 위할 수 있다. '그들'과 '우리'만 아는 국회의구가 많다. '그들'과 '우리'는 선동가들이 대중을 선동하기 위한 편 가르기에 쓰는 말이다. 정치하는 사람들은 선동가가 되어서는 안 된다.

대중의 선택은 이성적인 냉정함보다, 선동가들의 감정적 호소가 더 평가를 잘 받는다. 그러나 지금은 국민의 정치의식이 정치하는 사람들보다 높고 넓다.

지금은 용서가 필요한 정치판이다. '그들'과 '우리'의 울타리 정치에서 용서라는 양념을 사용한 맛있고, 멋있는 열려있는 정치를 만들려면, 또 다른 용서라는 마음이 필요하다. 정치하는 사람들이 선악을 구분하여 선인이 될 때, 국민은 웃음과 기쁨과 환희를 가진다.

민주주의 역사는 2,500년이다. 강대국의 유지연합이 형성되고 있는 즈음이다. 유지연합의 이익은 국민의 이익이 되어야 한다. 정치하는 사람들은 나라를 책임져야 한다. 변함에 민감해야 한다는 말이다.

최초의 "민주주의는 소수의 특권층 대신 다수의 사람들에게 혜택을 주는 것으로 시작된다"고 페리클레스가 말했다. 국민을 생각하는 정치가인 국회의원이 많아야 민주주의가 된다.

민주주의는 사회적 약자와 보호를 필요로 하는 사람들, 즉 서민층을 위하는 제도이다. 민주주의는 소수의 의견도 존중받아야 한다. 군중심리보다는 냉정한 이성을 가진 국민들이기 때문이다. "지식인은 정치인의 거짓말을 국민에게 알려야 할 의무가 있다"고 놈 촘스키는 말했다.

국회의원들은 국민 전체의 이익을 대변하며 행동한다. 정당 소속이 아니고, 국가 소속이어야 한다는 의식을 가지고 있다. 우리나라 국회의원은 17만 명당 한 명씩이다. 17만 명의 대표자가 한 명이다. 책임감, 책임의식이 분명해야 한다.

17만 명의 의견을 물어보고, 대정부 질문 등 질문 또는 답을 하거나 이야기할 때 국민이란 말을 써야지, 위임받은 권한을 무작위

구(舊): 헌 것이 새것으로 바뀌고

로 사용하여 "국민을 무시하는 거냐?"라든지 "국민이 우습냐?"라
는 말을 쓰면 안 된다.

국회의사당 지붕에 있는 돔의 무게가 1,000톤이다. 최소 1,000
톤에 맞는 언행을 해야 한다. 감정은 진실해야 하고, 표현과 행동
은 아름다워야 한다. 이것이 정치하는 사람들에게 필요한 말 기술
이며 말솜씨다. 시기와 질투가 따르는 말이기에 1,000톤 이상의
무게를 강조한다.

시기와 질투는 정치하는 사람들의 필수품이다. 그런데 시기와
질투는 발전에 쓰는 용어이지, 개인의 욕구 충족에 쓰는 말이 아
니다.

시기와 질투는 용서 프로젝트에서 항상 대체재로 사용되는 말
이다. 용서는 큰 성공을 이룩하는 시기와 질투의 결과이다. 시기
와 질투로 국회의구들이 편을 갈라서 생활하고자 하는 것은 상대
방과의 차별점만 보기 때문이다.

서로 간에 연민을 가지면 공통점을 찾을 수 있다. 이 정도의 국
민 성숙도를 대한민국 국민은 가지고 있다. 오피니언 리더와 정치
를 외치는 사람들이 서로 간에 장점과 공통점을 본다면, 차이는
크게 해소될 것이다.

차이점이 줄어들면 나라의 걱정은 반 이상으로 줄어든다. 흩어
져 있는 분열들을 엮어내고, 그것들을 조합하고, 음률을 맞출 수
있는 종합적인 능력을 가진 자가 국회의원이다. 국회의원은 국민
들의 사기를 높여주고, 기를 살려주는 기회를 만드는 능력이 있다.

국회의구들은 모순투성이들이다. 여야가 바뀌어도 자기가 한 것도 잊어버리고, 여야를 경험하였으면서도 개선점은 모르고, 똑같은 언사를 되풀이한다. 선이 악이 되고, 악이 선이 되는 모순의 미로에서 노는 아마추어들이다. 모순은 사람이 가진 가장 유명한 코미디이다. 그래서인지 TV를 보고 있으면 정치사가 심심하지는 않다.

정치하는 사람들의 자세와 태도는 청소, 빨래, 설거지하는 것과 같아야 한다. 원칙이 조심이고, 깨끗함이기 때문이다. 마음의 호흡이 깊어지는 공부를 해야 조심과 깨끗함을 키울 수 있다.

세계관이 하나인 사람은 사회를 한 방향으로 본다. 싸움의 이유다. 마음이 단단해지는 비교행동학을 공부해야 한다. 그래야 조심과 깨끗함을 지키면서 싸움다운 싸움에 응수할 수 있다.

국민은 외적 권위의식에 의존하지 않는 삶의 가치를 기준으로 하고 있다는 것을 정치하는 사람들은 알아야 한다. 이것은 국민들의 윤리 관념이 조심과 깨끗함으로 새롭게 변화된다는 것이다.

국민을 따라가면 국회의원이 아니다. 국민보다 반 발짝 앞서가야 한다고 하였다. 그리고 정치하는 사람은 법을 사전제시용이라고 하는데, 시기와 때를 맞추고 있는지 생각해 볼 때다.

법은 사후처리용이지 사전예방용이 아니다. 말도 안 되는 법의 지식만 가지고 말을 번드레하게 한다. 세상에서 제일 값싼 것이 정치하는 사람들의 지식과 언변이라는 말을 듣지 말고, 중용과 중심이 축이 되는 관념의 정립에 관심을 가져야 한다.

국회의원은 1인 1인이 헌법기관이다. 300개의 헌법기관이 지금 대한민국 국회이다. 그래서 헌법의 틀 안에서 말하고, 행동하길 국민은 기대한다.

헌법에서 벗어나는 이즘(ISM)이나 언행은 하면 안 된다. 그래야 국민이 흩어지지 않고, 분열되지 않는다.

스티븐 레비츠키는 "반대파를 관용이 아닌 적개심으로 대하면 민주주의는 파괴되고 전체주의로 전락한다. 심하면 내전으로 치닫고 민생은 파탄 난다"라고 그가 쓴 《어떻게 민주주의는 무너지는가》에서 말했다.

여야는 사이좋은 동업자 정신의 가치관을 가져야 한다. 여야도 일본인이 ruling party, government party(여당)와 opposition party(야당)를 번역한 말이다. 주는 자와 받는 자로 하자. 주는 것과 받는 것은 배합이다. 배합은 다른 것을 받아들이는 것이다.

이것이 없으면 공동체가 성립되지 않는다. 위기관리 능력은 줄 것은 주고, 얻을 것은 얻는 것이다. 당쟁도 그렇다. 싸우다 보면 현명해진다. 그래서 지금 주는 자와 받는 자는 열심히 싸우고 있는 것이다. 현명해지려고 말이다.

싸우면서도 월급 받는 것 이상으로 일을 해야 한다. 돈 받는 것에 비례하여 특권의식, 권위의식을 즐기려 해서는 안 된다. 비스마르크의 말이 국회에 있어야 한다. "젊은이여 일하라, 일하라, 죽도록 일하라"는 말이다. 1960~1980년대에 나의 동료와 선배들도 죽도록 일만 하였다.

문화와 문명의 과정은 잊고, 결론만 강조하던 때가 1960~1980

년대이다. 결론은 맺음으로써 잊히는 과거다. 과거를 잊으면서 나의 세대는 새로움을 창안하고 창의했다.

현명한 국회의원들은 정치에 대한 문화와 문명을 재정립하여 과정을 중요시하는 국가관과 세계관, 우주관을 갖는다는 신념을 가져야 한다. 그래야 전통을 잊지 않는 국민의 길잡이가 되고 빛이 된다.

국회의원들은 균형을 잡아주는 사람들이다. 마음의 안정성과 자신을 제어하며, 살고 싶다는 국민의 목소리를 귀담아듣고, 중심이 흔들리지 않는 정치 분위기를 정치력으로 만들어야 한다.

쓸데없이 정치를 여기저기에 갖다 붙여서 정치 공학이니 정치 교육학이니 하는 등 있지도 않은 말을 만들 필요가 없다. 말을 만들어 봐야 일본 번역어만 늘어난다. 공학은 정치하는 사람들이 쓸 학문이 아니다. 공학은 매우 정직하기 때문이다.

정직한 마음은 인연에 약하고, 환경에 좌우되는 바람 같은 것이다. 자신이 자신의 자경문을 가져야 자존의 흔들림이 없어진다. 서양의 국회의원들의 자존은 실사구시만 아는 과학적 사고와 정직함을 가지고 있다.

서양의 국회의원들은 사람의 마음을 읽는 귀신들이다. 이들과 세계관을 논하려면 대한민국의 정치하는 사람들은 우주학, 고고학, 철학에서 상상력을 열심히 찾고 공부해야 한다.

정치하는 사람들은 공부를 열심히 해야 한다. 대통령은 장관들과 공부하고, 정치하는 사람 300명은 보좌진과 열심히 공부하여

구(舊): 헌 것이 새것으로 바뀌고

다방면에 전문인 이상이 되고, 국회의원이 되어야 한다.

장관과 정치하는 사람들이 지식과 지혜로 단단해지면 바른길을 갈 수 있다. 알고 가기 때문이다. 거짓말이 통하지 않는 진리의 나라가 된다.

자신이 부족한 것은 전문가를 채용하면 된다고 하였다. 옛날 말이다. 하느님도 믿음을 믿을 수 없다고 하는 세상이 지금이다. 자신이 전문인이 되어야 전문가와 담론을 할 수 있다.

최고 지도자인 영웅이 되려면 자신을 믿어야지, 남을 믿으면 안 된다. 지금도 그렇지만 앞으로는 더 강한 실력지상주의가 분명히 도래한다. 퇴근 후에는 공부를 하여야 한다. 실력을 키워 국민을 생각해야지, 인간관계를 핑계 대면서 술이나 마시고, 즐길 것을 즐기면서 개인의 욕구나 충족시킨다면 중간에서 사달이 난다.

실력으로 무장된 국회의원들이 되면, 국민의 실력이 올라가고, 국민이 공부하게 된다. 국격이 상승하고, 세계적인 정치가가 탄생한다.

지금 국제적인 정치가는 한 분야에는 전문가이고, 다른 분야들에는 전문인들이다. 정치하는 사람들이 공부하는 자세와 태도를 가지게 하기 위해서 국회도서관을 세웠는데 활용실적이 올라가길 바란다.

우리는 어릴 때 단동십훈을 모두 배웠다. 그중에 8훈이 아함아함(亞含亞含)이다. 손바닥을 입에 댔다, 떼기를 하면서 '아-'하고 소리를 내면 아함아함 하는 소리가 난다.

청각을 자극하여 오감을 키우고, 듣는 것을 잘 듣고, 입조심하면서 살라고 하는 놀이다. 정치하는 사람들의 놀이가 되면 어떨까?

도리도리, 짝짝궁, 곤지곤지 등 단동십훈도 잊어버리고, 역사 지식도 제각각인데 같은 땅에 살고 있다. 정치하는 사람들은 역사에 소홀하여 국가관, 세계관을 잊어가고 있다. 역사학의 뿌리가 없어 자정 능력도 잊어가고 있다. 정치하는 사람들은 국제관계에서 역사가 얼마나 중요한지 알고 있을 것이다. 대한민국의 역사를 가지고 흔들지 않았으면 좋겠다.

어느 선진국 국회의원이 자기 나라의 역사에 관한 지식을 해박하게 이야기한다. 그래서 내가 "대한민국은 역사가 5,000년이 넘어 범위가 넓다. 그러나 이곳은 300년 정도이니 충분히 그럴 수 있다"고 하니 소리가 좀 낮아졌다.

그러나 세계사 이야기에서 내 코가 깨졌다. 힌두어는 '역사'를 "이렇게 되었다"라는 이티하스(itihas)라 하며, 영어는 '제왕의 행적'이라는 히스토리(history)라고 한다는 말을 처음 들었기 때문이다. 세계사를 알아야 세계인이 될 수 있다는 것을 느꼈다.

역사가 긴 것은 자랑거리다. 그렇지만 너무 모르거나 국민마다 아는 게 다른 역사가 되면 국민의 자격에 문제가 생긴다.

국회의원들은 역사의 선구자가 되어야 한다. 세계역사를 포함한 역사를 바르게 알아야 세계인이 되고, 선견지명을 논할 수 있다. 대한민국을 최고의 브랜드로 틔우는 일을 국회의원들은 하여야 한다.

구(舊): 헌 것이 새것으로 바뀌고

브랜드를 틔우려면 다양성이 필요하다. 국회의원은 다양성을 가져야 한다. 이분법적 사고는 아무것도 없는 원점으로 돌아간다. 문화 예술의 중심이었던 곳은 브랜드가 되고, 경제와 정치 중심이었던 곳은 브랜드가 되지 않았다. 문명과 문화의 역사는 진상이고, 정치, 경제, 문화는 허상이라는 것이다. 국회의원들의 역할은 세상이 진보될수록 더 많아진다. 준비는 미리 해야 하는 것이다.

방앗간도 사람의 힘에서 물레방아, 증기기관, 전기로 발전했다. 국회의원은 국민을 성장시키고 국민의 생활을 발달시켜야 한다. 정치하는 사람들의 지혜와 지식이 진보해야 세계관이 생기고, 존경과 존중이 무엇인지 알게 된다.

역사의 유산을 이어가게 하는 것이 진화이고, 진보이며 문명의 출발점이다. 학문을 장려하고, 국민정신을 높은 수준으로 상승시킬 수 있는 때가 지금이다. 국회의원들의 책무이고 의무이다.

국민이 하나가 되어 한층 더 도약할 수 있게 국회의원들이 적극적으로 민생에 참여하고, 더 열심히 국회의원들은 노력해야 한다. 부끄러움을 모를 때 진실함이 보인다. 이성(理性)의 모임이 국회의원의 조직이어야 한다. 영웅으로 가는 길이다.

국회의원은 '때'라는 기회를 미리 기다리는 능력을 가지고 있으면 좋다. 시기에 맞는 법을 국민이 가져야 하기 때문이다. 선기원포(先期遠布)라는 "미리 기다리고 멀리 보아라"라는 유성룡의 말을 유념하고 있으면 미래의 예측력을 가질 수 있다. 선기원포에 따라 나는 법을 제정하기 위해서 적절한 때를 선점하라고 권하고 싶다.

시기와 때를 항상 마음과 몸 안에 두고, 흔들리지 않는 정신으로 묶어야 한다. 때와 시기를 잘 잡는 사람은 웃으면서 묵주를 넘긴다. 국회의원의 최고 재산은 '진정이 있는 미소'라는 웃음이다. 정치의 목표는 웃음과 기쁨을 찾아서 중심의 의미를 국민에게 전해주는 것이다. 칭찬도 주고받으면서.

환희, 빛, 고통, 영광이 모두 신비이다. 국회의원들은 국민에게 신비를 주지만 국회의구는 국민에게 실망을 준다. 진정으로 국민을 위한다면 자신의 결점과 잘못을 냉정하고, 무정하게 비판해야 한다. 자신에게 강하고, 엄격하면 도전과 희망을 국민에게 줄 수 있다.

로마의 극작가 푸블리우스 테렌티우스 아페르는 "나는 인간이다. 그렇기 때문에 인간에 관한 일이라면 나와 무관치 않다"라고 했다.

대한민국 국민도 문화, 사회, 경제, 과학, 공학, 정치 등 삶의 다양한 방면에서 지금보다 더 적극적으로 참여하여 국민의 삶에 관한 바탕을 더 단단하게 다져야 한다.

나는 정치하는 사람을 뽑을 때는 국회의구, 국회의민, 국회의인이 아닌 국회의원을 뽑을 것이다. 그래야 국민이 기쁘게 살 수 있다. 국회의원의 다른 명칭은 '선택현량(選擇賢良)'이다. 선량이라고 한다. 뜻은 "어질고 현명한 사람을 뽑는다"이다.

감정이 배제된 논리를 제시하고, 논리로 대응하는 멋진 국회의원인 선량을 뽑을 것이다. 불이일원론의 대가를.

구(舊): 헌 것이 새것으로 바뀌고

1,000톤

호기심을 현실로

국회의사당을 상징하는 형상이 돔이다. 돔의 무
게가 1,000톤이다. 원시시대의 수목텐트에서 시작하여 로마 건축
의 barrel vault, cross vault를 거쳐 고딕, 비잔틴, 로마네스크를 지
나 현대의 철골트러스, 철근 콘크리트 아치, 콘크리트 셸 구조로
이어지고 있다.

라틴어의 domus dei에서 나왔다. 신의 집이라는 뜻이다. 원형
지붕은 하늘을 우러러보는 사람들의 상상의 기대를 나타낸다.

돔의 어원으로 본다면 국회의사당은 신의 집이다. 신의 집답게
많은 상징을 내포하고 있다. 2024년이 지은 지 49년이 되었지만,
국회의사당에 설치된 상징물이 습관과 일상생활로 이어진 것은

아무것도 없다.

기둥 24개는 24절기 동안 일하고, 국회의사당 회의실의 365개 전등도 365일 동안 일하며, 돔은 국민 의견을 하나로 모은다는 뜻이라는 데 모두가 기대 이하이다. 2025년에 50살이 되면 지천명의 순리에 따르게 될 것이다. 국회의사당의 본래 기능이 발현될 것이라 믿는다.

백록색의 돔을 보고 있으면 대한민국의 역사가 보인다. 돔을 엎어놓으면 배고프던 농경시대의 밥 생각이 난다. 솥으로 보이기 때문이다.

구리색이 백록색으로 변한 것은 화학작용이다. 자연적으로 변한 자연 화학이지만 화학 하면 산업사회가 생각난다. 또 로봇 태권 V의 본부를 생각하면 전기 · 전자시대가 생각나고, 우주천문대를 생각하면, 전자정보 우주시대를 생각하게 한다. 역사의 흐름을 돌아보며 생각하면 상상력과 모험심을 심어주는 게 대한민국 국회의사당의 돔이다.

또 탐험대 모자가 머리에 떠오른다. 탐험과 답사는 호기심을 현실로 이끌어 주는 행동이다.

농경사회의 배고픔을 겪으며, 구리색이 백록색으로 변한 것 같이 화학을 머리에 새겨, 산업사회를 정신없이 살아왔고, 로봇을 생각하며, 전자시대를 거쳐 지식정보 사회의 선진국 문턱까지 들어선 역사가 국회의사당의 돔에 있다. 앞으로 뻗어갈 우주시대와 탐험의 새 시대를 국회의사당의 돔이 안내할 것이다.

돔의 무게가 1,000톤이다. 1,000톤짜리 모자를 쓰고 나타날 영웅이 언제쯤 올까? 국회의사당을 보면 영웅 생각이 난다. 대한민국의 국회의사당은 시기와 질투가 너무 강해서 영웅을 못 만들었다. 미국의 하원 본회의장 홀에 가면 수많은 영웅을 만날 수 있다.

선진국은 영웅 만들기에 열심인데, 대한민국 국회의사당은 영웅을 없애려 노력하고 있는 것 같다. 없는 것이 좋은 것은 아니다. 국운은 영웅이 많아야 일어난다. 영재와 웅재가 한 몸에 있기는 어렵다. 국회의사당은 서로서로 이끌어서 영웅을 많이 만들어야 한다.

무엇보다 중요한 것은 국회의사당에서 나오는 말 한마디, 행동 하나의 무게가 최소 1,000톤이라는 것을 알고, 말과 행동을 무게 있게 해야 한다는 것이다.

"완전한 지조나 명예는 누구나 갖고 싶어 한다. 이것을 독립해서 혼자 차지하지 말고, 남에게 나누어 줄 줄 알아야 해(害)를 멀리하고 자기 몸을 온전히 할 수 있다"라는 명언을 국회의사당을 왕래하는 정치하는 사람들은 명심해야 한다. 1,000톤의 무게에 맞는 신중한 말과 행동의 자연 섭리가 몸에 배어야 한다는 말이다.

국민을 대할 때는 '부지런함', '검소함', '공손함', '용서함'이란 돌봄의 요인 네 가지를 생각해야 한다. 정치라는 politics는 국사이다. 국사는 다스린다고 표현하는데, 돌보는 것이 맞다.

다스린다는 것은 의사의 본분이고, 먹인다는 것은 경제인들의 자부심이며, 돌본다는 것은 정치하는 사람들의 역할이다. 정치하는 사람들이 돌본다는 것은, 자신의 모순을 다스린 후에 남이 부정적인 것을 극복할 수 있게 도와주는 돌봄을 말한다.

국민의 격을 낮추지 말아야 한다. 국민의 개념과 언어를 교란시키면 안 된다. 국회의사당이 국민을 이간시키는 것은 정말 나쁜 짓이다.

국민이 입법부와 행정부, 행정부와 사법부, 입법부와 사법부를 이간시키면 국회의사당의 마음은 어떨까? 해결도 못 하면서 국민적 관심사를 만드는 것은 국민을 더 분노케 하는 것이다.

대한민국의 이념은 홍익인간이지 이익 다툼이 아니다. 대한제국의 패거리들을 일본이 이익 다툼으로 이용한 일을 알고 있을 것이다.

역사의 이익 다툼을 빌미로 일본이 대한민국을 지역 다툼, 세력 다툼으로 이용하였다. 이것이 또 일본잔재를 만들기 시작하였다. 그렇게 된 것을 지금까지 일본잔재를 없애자고 외치면서, 대한민국의 정치하는 사람들은 자신들의 이익추구에 활용하고 있다.

일본잔재를 없애려면 일본이 개화기 때 일본이 번역한 것을 들여와서 사용하고 있는 말들을 모두 없애고, 대한민국은 제로베이스에서 다시 출발시켜야 한다. 정치하는 사람들은 알면서 그러는지, 모르면서 그러는지 참 한탄스럽기도 하다. 어떻게 해야 하는지 방안을 제시하여 주었으면 좋겠다.

일본 한자어와 일본에서 만들어진 용어를 없애면 대한민국은 쓸 말이 별로 없다. 대한민국의 고유어를 복원시켜야 하는데 대책도 없으면서 헛소리만 하고 있다. '어렵다'라는 말은 못 하면서 일

구(舊): 헌 것이 새것으로 바뀌고

본잔재 청산을 외치는 국회의구들은 국회의사당을 잔챙이 물고기만 잡는 사각형 통발(국회의사당을 위에서 본 모양)로 보면서 잔챙이의 대장을 하고 싶어 한다. 철부지로밖에 안 보인다.

우리나라는 대한민국이다. 외국의 문명은 참고하는 것이지 우리 것으로 만들면 안 된다는 것을 강조해야 한다. 문화의 양성술은 자국의 특징이 가미되어야 한다.

학습의 충실성을 말하는 것이다. 정치하는 사람들의 정신을 학습시켜야 건전한 대한민국의 문화가 정립되는 것이다. 대한민국도 대한민국의 경전인 천부경, 삼일신고, 참전계경, 한역을 가지고 있는 우수한 민족이다. 이 정신 때문에 나라를 잃었다가 찾아서 이만큼 키워놓았다.

지금은 말하고 돌아서면 변하는 세상이다. 이런 세상에서 자신이 뭘 하는지도 모르면서 말을 하는데, 이제는 말의 시대가 아니다. 행동의 시대다. 국민을 종속되게 만들지 말고, 새로운 세계를 열게 하고, 자신의 시대를 만들 수 있게 세계를 진화시키고, 새로운 생각으로 나아가 최대의 강국이 되어야 한다고 국회의원은 국민들에게 호소해야 한다.

특히 싸움꾼인 국회의구를 정비해야 한다. 특권에 유혹당하면 사람이 아닌 짐승이 된다.

또한, 국회의사당은 쓰레기 분리수거 교육장이 아니다. 그런데 회의할 때 보면 같은 당끼리 뭉쳐 앉는다. 이 장면을 보면 품목별로 뭉쳐지는 쓰레기 분리수거장 같이 보인다.

좌석을 290개로 만들어서 늦게 오는 열 사람은 간이 의자에 앉게 하여야 한다.

오는 순서대로 앉고 싶은데 자유스럽게 앉고, 명표도 다 없애고, 회의장부터 자유화해야 국회가 민주화가 된다. 각종 위원회 회의장도 마찬가지로 해야 한다. 이것을 1,000톤의 돔은 원한다.

2023년 2월 23일 자 동아일보 기사 중 "국회서 발 묶인 법안 1만 3,198건 일하는 국회법 시행 후 되레 3배"라는 기사가 네 편 내 편의 덕인 것 같다. 이 기사가 1,000톤의 돔을 불편하게 한다. 그렇지만 이것이 대한민국의 현실이다. '우리'와 '그들'로 구분하는 것은 1,000톤의 돔이 원하지 않는 세상을 부정하는 나쁨이다.

1,000톤의 돔 아래에서 국가와 국민을 생각하면서 정치하는 사람들은 무슨 생각을 할까? 하고 머리를 들어보니 "국민은 봉인가" 하는 생각이 든다. 국회가 없는 나라가 오히려 더 살기 좋은 나라가 아닐까 하는 못된 생각까지 든다.

국회의구들의 싸움에 지친 대한민국의 국민들은 자식에게 책임을 덜 지면서 돈을 버는 법을 가르친다고 한다. 반면에 선진국은 정의를 가르친다.

정의는 자신을 바로잡는 역사의 부름이다. 국민이 충성을 거부하고, 정치하는 사람들과 공무원이 자리에 연연하지 않으면 혁명은 성공한다고 한다. 그럴 자신 있는가? "한 번의 국회의원으로 만족한다"라는 마음가짐이 국회에 있을 때, 사회와 국가와 국민을 바꾼다는 거룩한 사명감을 정치하는 사람들이 가지고 있다면 정의는 이어진다.

또한, 국회는 권력을 확대하면 안 된다. 정부권력을 가져오려고 입법하면 안 된다. 권력 강화를 위한 싸움을 하느라고, 자기 본연의 일을 하지 않는 모순이 생긴다.

주어진 권력도 제대로 못 지키면서 확대만 하는 것은 국회의사당의 덫에 국회의사당이 걸리는 것이다. 국회의사당의 말과 행동은 1,000톤이 지켜보고 있다는 것을 주목해야 한다. 행동하지 않는 말은 문화가 되지 않는다.

국회의사당이 하는 말은 간접적이 아닌 직접적인 이성으로 해야 한다. 말은 정신의 소리이며, 글은 정신의 그림이다. 행동은 정신의 박자이다. 대인과 소인의 한계가 소리와 그림과 박자에는 새겨진다.

소리와 그림과 박자를 주고받는 것을 대화라 한다. 잘나고 못나고가 없다. 국민에게 정성을 보여주는 소리, 그림, 박자를 잘 준비해야 한다. 그래야 의사당의 울림이 영화가 된다.

국회의사당의 울림은 영향이 오래가야 한다. 의사당은 말(言)이 종이에 글자로 조립되는 어셈블리(assembly)의 메인 센터다. 울림을 울림답게 하려면 이야기 예술을 알아야 한다.

국민의 리더는 말의 예술을 알아야지, 말의 장난을 알아서는 안 된다. 말이 글자화되어 법이라는 문서로 마감될 때 "국회의원이 되었구나"하는 보람을 국회의사당은 주어야 한다. 그래야 1,000톤 모자의 힘을 느끼게 될 것이다. 나는 법이라는 문서를 이야기 예술이라고 한다.

국회의사당의 로텐더홀 천장에는 빛의 이야기가 있다. 상징은 마음에 새겨서 내 것으로 만들라는 것이지, 얼굴마담으로 있는 것이 아니다. 로텐더홀에 들어서면 대리석 위에서 천장을 한 번 보고 "햇빛과 달빛이 밤낮의 조화를 맞추고, 별빛은 농경시대의 삶의 철학이었고, 현대에는 상상력을 키우는 동력원이다. 조화와 동력은 사람이 가진 본성이다"라는 것을 머리에 담고 본 회의장으로 들어가면 새로운 국민들의 삶이 보일 것이며, 싸움을 잊으면서 자신의 역할을 분명히 알 수 있을 것이다.

지금 대한민국의 정당에는 아부와 아첨과 아양만 있다. 양심을 가진 사람들이 만든 정당에는 공정과 정의와 화합의 권력이 생긴다. 여기서 말하는 양심은 권력의식이 배제된 것이다.

야수의 힘이 사람의 힘으로 승화되는 곳이 의사당이어야 한다. 그러면 1,000톤의 돔은 오르페우스가 자연을 감동시키듯 국민들에게 감동을 줄 것이다.

정치하는 사람들은 미국을 많이 간다. 자유의 상(자유의 여신상)을 볼 때 기단을 많이 보고 올까? 기단에 쓰여있는 엠마 라자루스의 시구(詩句)를 보고 오는 이가 얼마나 될까? 국회의원들이 가진 상세한 눈 기술과 마음의 소리는 빈틈없이 국민에게 봉사하는 정신을 새겨준다.

참는다는 것은 고귀한 이성(理性)이라고 하였다. 큰 세상과 작은 세상을 두루 아우르려고 하면 대인이 되어야 한다. 대도무문의 근

구(舊): 헌 것이 새것으로 바뀌고

본 뜻을 알아야 많은 것을 알 수 있다. 그래야 국민들의 일면불 월면불의 삶의 곡선을 세밀히 돌아볼 수 있다.

국민들은 국회의사당에 대하여 돈으로 행하는 지출행위보다는 행동, 생각, 용모, 언어로 보답하는 적극성이 필요하다고 1,000톤의 무거운 힘으로 간절히 원한다.

국회의사당이 원하는 것은 거름이 되는 낙엽이어야 하고, 국민을 위하는 것은 잘 익은 곡식이어야 한다. 1,000톤의 무게는 희생과 봉사가 지도자와 영웅들의 길이라는 것을 말한다.

우리 국회의사당의 머릿돌에는 언제쯤에나 "대한민국 국민을 위하자(爲)" 또는 "대한민국 국민을 사랑하자"가 새겨질까?

대리석

섭리와 도리

아름다움은 어려움을 포함하고 있다. 이치는 어려운 해답이다. 대리석은 삶에 대한 어려운 해답을 가지고 있다는 것이다.

자연은 섭리(攝理)를 대리석에 심어서 존재의 해석을 살피게 하고, 사람은 철학을 생각에 심어서 삶의 해답을 찾으려 한다. 섭리는 무늬와 결이고, 철학은 생각과 마음이다. 대리석에는 무늬와 결이 있다.

무늬와 결은 역사의 숨이고, 생각과 마음은 역사의 발현이다.

섭리와 철학도 대리석에 있다. 대리석은 석회암이 높은 온도와 강한 압력에 의하여 성질이 변한 변성암의 한 가지다. 사람도 여건과 조건에 따라 변하듯이 자연의 물질도 변한다.

대리석은 선하게 변하여, 가치 있는 성능을 뽐내고 있다. 대리석에는 자연의 무늬와 결이 있기 때문이다.

자연의 결과 무늬에는 빛, 바람, 물, 흙, 비, 눈, 온도가 다 들어 있다. 자연의 조건과 여건이 자연의 결과 무늬를 만든다. 대리석의 결과 무늬는 자연의 돌 속에 묻어놓고 역사의 이음을 첨부하고 첨삭하는 신의 책장이다.

자연과 인문을 찾으면서 사람들은 인문이란 사람의 결과 무늬, 자연의 결과 무늬를 보면서 섭리와 철학을 합치시키려고 노력하고 있다.

자연의 결과 무늬에서 인문의 결과 무늬를 찾는다고 하는데 내가 보기에는 비교 불가의 예술성을 찾는 것과 같다고 본다. 사람은 혼자 결과 무늬를 만들지만, 자연은 오만 군상을 모아서 결과 무늬를 만들기 때문이다. 단독작품과 자연의 합작은 서로 다른 것을 섞는 배합과 조합에서 차이가 난다.

자연은 합작이고 사람은 독작이다. 이것이 자연과 사람의 차이이다. 자연은 혼자 만들지 않는다. 그러나 사람은 혼자 만든다. 군상의 힘은 개인의 힘보다 강하고 거세다.

사람들은 화합과 조합을 배우기 위해 자연의 물질인 대리석을 건축물의 재료로 쓴다. 이것은 사람들이 자연의 섭리를 철학에 넣고 살라는 건축가들의 문무 일체의 정신을 보여주는 것이다.

대한민국의 국회의사당에는 27,000m^2의 대리석이 복도의 벽과 바닥에 붙어있다. 화합하고 조화롭게 이치와 도리를 알고 일을 하라고 하는 배움의 지표를 주는 것이다.

대리석의 뜻을 새기라고 국회의사당의 복도와 벽은 강조하는데 정치하는 사람들은 한 사람도 눈여겨보지 않는 것 같다.

"화합은 배척으로, 조화는 따로따로 해석하고 있는 청개구리 국회의구들이 판을 치니 아무리 좋은 뜻이 있는 질료로 가르치면 뭐하나"하는 한심한 생각이 오늘도 TV를 통해 나온다.

자연의 결과 무늬는 이(理)이다. 자연을 따라서 사는 것은 순리대로 산다고 한다. 순리는 순한 이치나 도리이다. 순리대로 산다는 것은 공(空)을 의미하기에 순리대로 산다면 모두가 내 뜻대로 할 수 있는 것이다.

국회의구는 이(理)에 빠져야 한다. 이(理)자로 끝나는 말을 자주 많이 하면 국회의원이 된다. 요리, 정리, 관리, 심리, 논리, 진리, 도리, 순리, 등등 많이 이어가면 바른 정치가 된다.

삶의 지혜는 듣는 것에서 비롯된다. 섭(攝)이다. 삶의 후회는 말하는 데서 비롯된다. 품(品)이다. 말은 줄이고 행동을 늘리면 후회 없는 바른 정치가 눈앞에 대형 영상으로 보일 것이다.

섭과 품은 정치하는 사람들에게 특히 주요하다. 정치는 사람에 대한 관심이 많아야 한다. 그렇다고 자연이 배제되면 섭리에 어긋난다.

정치가가 되고자 하는 사람들에게 로텐더홀의 대리석들이 지향하는 의미부터 다시 찾아보길 부탁하고 싶다. 자연의 곡선 사상이 사람의 직선 사상보다 훨씬 효과가 좋다는 것도 덧붙인다.

또 대리석에서 배울 것은 현실주의이다. 대리석은 다양한 색상과 무늬와 결을 가지고 있다. 이것은 성능에 대한 현실적 가치를 부여하고 부여받는 경제의 의미를 말한다.

현실적 가치는 실사구시이다. 실사는 진실한 사실을 말하는 것이고, 구시는 올바른 것을 찾는다는 것이다. 실사구시는 실참실구를 해야 한다. 생각한 것과 생각난 것을 현실적으로 적용하는 힘과 능력이다. 금으로 도금한 가짜 금배지보다 순수한 은배지를 착용하는 것이 실사구시를 찾는 것이다.

겉은 겉일 뿐이다. 겉을 중시하면 경쟁이 되고, 안을 중시하면 대결이 된다. 경쟁은 피곤하고, 대결은 시원하다.

다양한 것을 보여주고 곡선과 직선의 차이를 설명하는 것이다. 자연은 곡선을 만들고, 사람은 직선을 만들었다. 이것에 근거하여 김정희의 실사구시론이 돋보였다.

눈으로 보고, 귀로 듣고, 손으로 감각을 깨달으면서 확실한 근거와 과정을 보여주는 것이 과학이다. 과학적 근거는 누구도 부정, 부인할 수 없는 객관적 사실이다.

이것에 의거하여 사람들의 생활에 관한 해답을 받는 것이 실사구시이다. 대리석의 결과 무늬는 섭리에 의한 자연의 노력이 들어 있기에 실사구시의 모범이 된다.

실사구시, 즉 "일을 사실로 되게 하여 옳은 것을 찾는다"는 논리가 실학을 탄생시켰다. 실제로 소용되는 학문으로 실사구시, 이용

후생, 경세치용을 현실 생활을 강조하는 논리다. 대리석의 자연의 결과 무늬의 섭리에서 나온 생활적 논리이다.

국회는 철저한 현실 중시의 집합체여야 하며, 미래에 적극적으로 대처하는 단체여야 한다. 여야가 따로 하는 정책실현보다는 같이하는 것이 효과를 증가시킨다. 자연이 대리석을 만들듯이 해야 좋은 나라가 된다.

이(理)는 이과 학문이다. 자연에서 온 대리석의 무늬와 결이다. 인간이 만든 결과 무늬는 문과 학문이다. 문과는 내재적 무늬를 사람 자신의 힘으로 발견하면 된다. 이(理)는 생각이 행동화된 실학이다. 문(文)은 생각이다. 국회에는 이와 문이 같이 조화를 이룬 실학이 가득해야 한다.

각 나라의 국회의사당에 대리석이 많은 이유는 정치하는 사람들이 자연관과 인문관을 확립하고, 공부를 많이 하라는 것이다.

자연관의 자연학, 즉 이학, 공학, 과학이 뒤떨어지면 국민의 먹거리가 떨어지니 열심히 공부하여 이(理)와 문(文)의 무늬와 결이 국민의 결과 무늬에 새겨지도록 공부하라는 뜻에서 대리석을 사용한 것이다.

이(理)에서 공리(公理)와 정리(定理), 도리, 원리, 합리가 생겼다. 국민은 이(理)의 정리에 대하여 결과를 매우 중시하고 있다. 정치가는 이(理)를 통하여 사람을 이해하는 데 능통하고, 정치인과 정치꾼은 사태를 통하여 사람을 이해하는 데 예민하다고 한다.

사태는 자신의 존재에 대한 대응을 생각하지만, 이(理)를 이해하는 정치가는 국민으로서 존재하는 것이다. 사태는 중상모략을 만들지만, 정치가는 바른길로 국민을 모시고 간다.

자연의 결과 무늬는 대리석이라고 하였다. 자연의 무늬는 곡선이라고도 하였다. 부드럽고 서로 이해하는 선이 곡선이고, 서로 만날 수 없는 선이 직선의 평행선이다. 직선은 사람의 선이다. 직업이든, 존재든 곡선의 사고가 있어야 한다. 이것이 자연이 사람에게 준 섭리다.

대리석의 무늬에서 참의 질서를 배우라고 자연은 결론을 내린다. 바람의 질서, 물의 질서, 식물의 질서, 조류의 질서 등은 대리석에 있는데 사람의 질서는 없다.

자연의 무늬는 소명의식과 변치 않는 진리와 진실을 대리석에 새겨서 사람들에게 보여주고 생각하게 한다. 정치는 직업으로 하는 것이 아니고, 소명보다는 사명감으로 해야 한다.

"소명은 calling으로 부르심을 받은 것이고, 사명은 mission으로 보내심을 받은 것이다"라고 한다. 정치하는 사람은 사명감이 투철해야 한다. 정치를 부업으로 취급하는 국회의구들도 있는데 이는 더욱더 안 된다.

사명감에는 국민을 위하는 열정과 신뢰와 책임감에 따른 균형의식이 있어야 한다. 이것이 자기 자신을 사랑하면서 국민을 사랑하는 길이다.

'정치를 위해서'와 '정치에 의존해서'라는 말이 막스베버의《직업으로 서의 정치》라는 책에 나온다. '정치에 의존해서'는 경제적

구(舊): 헌 것이 새것으로 바뀌고

역할이며, '정치를 위해서'는 사명감을 말한다.

무늬는 사명감의 보여짐이다. 대리석에서 큰 이치와 돌봄의 무늬를 배워서 자신의 큰 뜻과 일치시키면 정치가가 되어 자신을 지배하고 국민을 떠받드는 중추가 될 것이다. 자연과 사람의 결과 무늬는 분명하고, 선명할수록 무엇이 목표와 목적인지 잊게 하고 아름다움만 감상하게 한다.

정치도 목적과 목표가 분명하며 선명할 때 즐기는 정치가 된다. 우리는 대중을 선동하여 권력을 획득 유지하는 정치를 하고 있다. 데마고그는 효과보다는 쇼를 위한 허영정치이다.

국회의사당 내부 벽과 바닥에 붙어있는 대리석은 경(絆), 논(論), 설(說)이다. 말과 행동을 일치시키라고 강조하는 의미의 대리석이다.

대리석의 무늬와 결을 보면서 사람은 넘치는 아이디어를 담기 위해 길을 많이 만들어야 한다.

"어떻게 할까"라는 방법론과 자신의 부족함을 다양성이 풍부한 국민들께 배우고, 행동하는 습관을 수련해야 한다.

정치가의 배움은 의무이면서 권리가 되어야 한다. 그래야 행동이 분명해진다. 쉼 없이 배우는 정치가는 국민을 국격을 높여주는 국민으로 성장시킨다.

사람은 자연의 선택에 의해 다양하게 성장하고 진화한다. 자연의 결정체는 대리석이다. 섭리와 습성을 가지고 자연과 대화하며, 존재하는 정치가가 사람을 이끌 수 있다.

인문의 무늬와 결은 사람들이 가지는 인격의 기초이다. 이 무늬와 결이 사람을 사람답게 만들어 준다. 정치는 무늬와 결을 완성하고 나서 말을 붙이고, 덧씌우는 공생을 창조하는 것이다.

대리석의 무늬와 결을 국민에게 새겨주고, 인문과 자연이 같이 숨 쉬는 숨결과 숨 무늬를 키우고, 국민을 일체화시키는 정치가가 많아지길 국회의사당 로텐더홀의 대리석 위에서 바란다.

구(舊): 헌 것이 새것으로 바뀌고

포(布)

: 씨실과 날실이 간격을 조절하면

설론(舌論)

― 감성과 이성을 떠난 본성

같은데 다르게 말하는 예술과 다른데 같게 말하는 기술이 정치하는 사람들에게는 있어야 한다. 같음과 다름을 없애면 진실한 자신이 남는다. 무에서 바른 것을 볼 수 있는 초심이 나온다. 말은 초심이 만든 첫 약속이어야 한다.

조건을 다는 말을 하지 말고, 행동하지 않는 말도 하면 안 된다. 입이 시키는 대로 행동하면 화를 만난다. 접속부사 '그러나'만 아는 사람이 정치하는 사람이다. '그러나'가 싸움의 원인이다.

외국인이 묻는다. "국회선진화법이 무엇입니까?" 나는 법에 대하여 잘 모른다. SNS에서 찾는다. 국회선진화법이란 법이 별도로 있지 않다는 것으로 나온다.

"국회 내에서 몸싸움과 폭력사태를 방지하기 위하여 국회의장의 직권상정 권한을 제한하는 대신, 합법적 의사 진행 방해와 신속 처리 제도를 도입하는 국회법을 국회선진화법이라고 한다"고 쓰여있다.

2012년 개정된 대한민국 국회법을 가리키는 것이라고 나와있어서 외국인의 질문에 "그런 법은 없다. 다만 국회의원들이 자신들의 발전을 위해서 공동으로 합의하여 국회법을 개정하면서, 일부 조항을 선진화법이라고 한 것이다"라고 대답을 해주었다.

말싸움은 말꼬투리를 잡기 때문에 일어난다는 것을 알고 있는 눈치를 받았다. 창피한 것인지, 어떡해야 하는 것인지, 대한민국의 정치하는 사람들은 여러 가지로 사람을 힘들게 하는구나, 하고 국회를 바라보면서 웃음을 지어본다. 보편적 이성에서 이탈하는 국회의구들이 미워진다.

국회선진화법이라고 명명하기에 동물국회가 품격국회로 되는가 했더니 국회의구들은 더 후퇴했다. 자꾸 새로운 것을 쌓아 올리고 만들면 위험만 가중된다. 옥상옥이 되면 품질은 더 떨어지게 되어있다는 것을 잘 안다. 그러면서 의식을 위해서는 눈에 보이는 것이 없는 국회의구 들이니 어찌할까?

외국인의 질문이 국가적 망신 같은 마음이 들고, 법에 관한 문외한이어서, 헌법과 우리 역사책을 읽어봤다. 헌법 전문과 제1장 총강에는 진보와 보수들이 원하는 내용이 다 있다. 그리고 제1조에는 국호, 국체, 주권이 있다.

제3조에는 영토규정, 제4조에는 통일정책이 있다. 그리고 역사는 우리 국민의 정체성이다. 헌법과 역사를 하나의 정체성으로 만들었다. 그런데 정치하는 사람들은 나름대로 해석을 하고 있는 것 같다.

국회의원들이 국회의구로 돌변하는 것은 헌법을 모른다는 것을 국민들에게 실토하는 것이다. 우리 헌법에는 국가의 체제와 정치체제가 분명히 하나로 되어있다. 그런데 이것을 여러 개로 분류하여 자기 입맛에 맞게 잘못 해석하여 이즘(ism)에 대한 말싸움을 하고 있는 것이다. 대한민국 헌법을 알고 있다면 싸움거리가 없다.

같은 나라인데 왜 그럴까? 싸움거리가 있다면 국민 생활에 관한 당의 정책이다. 이는 싸움이 아니고, 국회를 뜻하는 말인 나라의 의견조정(國令)과 assembly, 즉 조립한 장치와 또는 여러 가지 부품을 조합하여 필요한 기능을 실현하는 집합체의 과정을 알면 쉽게 해결되는 것이다.

언론을 이용하여 자기홍보를 하려는 것이다. 자기홍보는 창피하게 언론의 힘을 빌리지 말고, 행동으로 해야지 남에게 자기모순을 왜 맡겨야 하나. 실력이 없으면 예절이라도 있어야지.

국민 생활의 향상은 국회가 assembly이듯이 여야가 조화와 조립으로 맞추어야 새로운 기능으로 나온다. 싸움은 아무런 도움이 안 된다. 더군다나 말싸움은 더 말이 안 된다. 말은 말일 뿐이지 아무 근거도 없다. 말싸움과 불신의 원인인 면책특권은 처음부터 없었어야 했다.

지금은 아날로그로 되는 것이 아무것도 없다. 말은 디지털이 되지 않는다. 국회인 assembly로 해결해야 한다. 대한민국 국회를 assembly로 이름한 것은 정말 명작 중의 명작이다.

assembly는 전체 국민이 참여하여 국민 한 사람 한 사람이 모두 결합되어야 대한민국이 된다는 뜻이니 얼마나 훌륭한 이름인가? 정치하는 사람들이 이름값과 말값을 못해서 안타까울 뿐이다.

대한민국 헌법은 싸우지 말라고, 조와 항이 정말 멋지게 구성되어 있다. 정치하는 사람들과 국민들이 같이 읽어서 조화롭고 멋진 assembly 과정을 거쳐 행복한 대한민국을 만들어야 한다.

말싸움은 하고 싶은 말에 상대방을 끼우지 않으면 말싸움이 안 된다. 비방과 거짓과 모함은 당쟁시대의 산물이다. 지금은 말만이 아니라 많은 것이 투명한 시대이다. 국민을 혼란으로 이끌어서는 안 된다. 자기의 말과 자기만의 법으로 대한민국을 논하면 안 된다. 그래야 5만 달러, 10만 달러의 선진국으로 갈 수 있다.

헌법 제3장 국회에 관한 40조에서 65조에는 지금 시대와 맞지 않는 조항이 있을 수 있다. 국회의원은 현실을 아는데 국회의구는 과거의 권력에 도취되어 시대의 흐름을 모른다.

이것으로 국회의원과 국회의구가 말싸움을 많이 한다. 국회의원이 되려면 나라의 품에 안기고, 국회의구가 되려면 지역의 품에 안겨라.

말싸움은 권력의식과 권위의식을 가지려는 데서 발생한다. 국민은 권위와 권력은 인정한다. 그러나 의식주의는 철저히 싫어한다.

국민의 뜻이 어느 수준에 와있는지 국회의원은 잘 아는데 국회의구는 모른다.

그래서 말싸움이 끝나질 않는다. 권력에 따른 싸움과 말싸움은 멈추어야 한다. 권력은 확장하는 것이 아니고 축소하고 줄여야 한다. 유난히 대한민국 국회만 권력의식을 늘리고 있다. 지금의 국회는 정부와 싸우고, 자기들끼리도 싸운다. 권력을 확장하기 위한 권력투쟁이다. 이것이 말싸움이기에 다행이지 국회선진화법 이전이라면 돌격전으로 확대되었을 것이다.

헌법 전문과 제1장 총강을 읽는데, 잘 몰라서인지는 모르나 10분이 걸리지 않았다. 그냥 내용만 이해하는 수준이었기 때문일 것이다. 그러면서 진보와 보수의 가치관도 대강 알고, 자리 배치 때문에 생긴 좌, 우도 진보, 보수와 연계할 수 있었다. 10분이 지나니까 싸움을 왜 할까 하는 의구심이 생겼다.

권력의식에 관한 싸움은 하지 말고, 헌법 공부를 하기 바란다. 헌법이 국회의원으로부터 헌법으로 존중받을 때 헌법이 되고, 국가가 안정되며, 발전이 이어져 선진국이 된다. 정치하는 사람들은 국민투표로 확정된 헌법을 부정하면 자신의 자리도 부정된다는 것을 알아야 한다. 헌법 전문이라도 하루에 몇 번씩 읽기를 권한다.

지금 여야의 국회의구들이 말싸움을 하기 때문에 최상위 선진국이 못 되고 있다는 것을 국회의구들은 후회해야 한다. 싸움을 하기 전에 국회의원 선서부터 기억하면 어떨까?

헌법은 하나다. 같은 헌법을 가지고 있으면서 말싸움은 점점 더 심해지고 있다. 말은 잘하는 것이 중요한 것이 아니고, 내용의 앞뒤 좌우가 일맥상통한 것이 잘하는 말이다. 그리고 과거에 한 말을 기억해야 한다.

여기서는 이 말 하고, 저기서는 저 말 하고, 과거에 했던 말을 기억 못 하는 것이 말싸움의 원인이다. 대한민국 국회의원은 줏대 없는 것을 자랑으로 여긴다. 자기 뜻이 최고라고 떠들면서, 자기 말만 하는 국회의구들이 많다. 횡설수설도 본래는 좋은 뜻이었다.

같은 것을 다르게 말하는 '동중이변'과 다른 것을 같게 말하는 '이중동변'의 재주가 정치인에게는 필요하다. 헌법에 따라 생활하고 일하면 모두 국회의원이 될 수 있다.

국회의구는 헌법을 이용하고, 의원은 헌법을 활용하여서 국민의 뜻을 알려고 한다.

스님들의 모임인 동당과 서당도 고양이 한 마리를 어찌하지 못하여 싸움을 벌였다. 종교도 싸움의 연속이다. 세상은 싸움이 없으면 발전이 없다고 한다. 그중에서 열심히 싸우는 사람들이 당(黨)이다. 당자만 보면 말싸움과 모략이 연상된다.

역사가 이어지는 한 당의 싸움은 이어질 것이다. 당파적이든 비당파적이든 당은 힘과 싸움으로 먹고사는 무리들이다. 사람은 모이면 흩어지고, 흩어지면 모인다. 자기 이익에 충실한 것이 사람들의 본래 모습이다.

이익 따라 흩어지고, 모이고 하는 정반합이 이어진다. 여기에서 인정받는 사람은 우습게도 말싸움을 잘하는 국회의구들이다. 말

포(布): 씨실과 날실이 간격을 조절하면

같지 않은 말을 한다는 것이다. 아무리 싸움이 필요하더라도 국민에게 손해가 가는 당파적 싸움을 하면 안 된다.

싸움을 해야 새로움을 만든다. 싸움을 해야 인간의 욕구를 다시 만들 수 있다. 여기서 싸움은 눈에 안 보이는 경쟁이 아니고, 눈에 보이는 실력대결이다. 그러나 정당 간의 싸움은 국민을 위하지 않는 자기 이익에 따른 경쟁이지, 새로움을 주는 대결이 아니다. 자기들의 권위의식에 대한 싸움일 뿐이다.

지구는 46억 살이 되어도 인간들의 싸움을 말리지 못하고 있다. 경쟁 때문이다. 싸움은 개인 간의 발전을 도모하는 것이다. 국가와 국가, 국민과 국민의 싸움은 파멸과 고립을 데리고 온다. 당과 당의 말싸움은 회의하고, 조립하여 국민에게 희망과 비전을 주는 말다툼으로 축소시켜야 한다. 민주주의는 스포츠경기라고 착각하면 안 된다. 헌법에 의한 공통적 의견을 행동화하는 것이 참 민주주의이다.

국회선진화법이란 말이 생겨나니 몸은 쉬고 입이 바쁘다. 몸싸움이 말싸움이 되었다. 말하고 싶은 분위기는 잘 만들었다. 국회의구들은 특기가 말이고, 취미가 원래부터 말싸움이다.

물 만난 물고기가 되었다. 모순투성이의 말 잔치가 난장판을 벌이고 있는 정치판이 가소롭다. 자기 말이 자기 덫이 되는 것도 모르는 뻔뻔한 국회의구가 사람인가 싶다. 말(言)끼리 만나 지으면 (口) 집안싸움(口)이 된다. 차라리 몸으로 부딪치는 것이 국민을 덜 불안하게 한다.

시가지 전투 양상에서 정치 문화가 말싸움으로 바뀌면서 시가지를 놀이터로 생각한다. 빨간 띠를 머리에 두르고 말들을 만들어낸다. 그 말(言)들을 모두 모아서 말(馬) 무덤에 가져가서 묻으라고 하고 싶다.

국민들은 정치판을 객관적으로 보고 있다. 사실을 왜곡하여 정쟁에 쓰고 있는지, 아닌지를 객관적으로 보고 있다. 말싸움은 각본이 없다. 감정은 불쑥불쑥 마구 뛰는 메뚜기다. 자제하고 자신을 낮추어야 한다. 인내는 최고의 이성이라고 하였다.

갈등과 대립에서 벗어나서 정과 감이 판치는 국회의원이 되어야 한다. 방법은 자기에 대한 자신감이 있어야 찾는다. 당론이 아닌 자기 소신이 있으면 싸움과 다툼이 필요 없다.

아부, 아첨, 아양에서 벗어나면 자신이 강해진다. 그러면 국민으로부터 존경받는다. 회의장에서 싸우고, 로텐더홀(둥근 천장이 있는 원형 홀) 계단의 빨간 카펫 위에서 어깨동무하며 동료라고 하는 모순에서 벗어나라. 싸웠다고 윗자리에 있는 사람이 자신을 돌봐준다는 것은 큰 착각이다.

자존감 없는 개는 목이 터져라 울어도 갈 길은 정해져 있다. 말싸움과 몸싸움은 감정과 이성을 떠나 본성을 더럽힌다. 헌법에 의거하여 행동하고, 바른말과 이성적으로 자존감을 보여주는 정치가가 국회의원이다. 말싸움도 이제는 줄여주길 바란다. 상대 당에 관련된 이야기를 하지 않으면 말싸움이 이루어지지 않는다.

정당은 정당 간의 간섭을 하지 않는다고 국민들에게 약속하여야 한다. 국가 간에는 내정간섭을 하지 말라고 하면서 정당과 정당은 왜 서로 간섭을 하는지?

《문심조룡》에서 "감정은 진실해야 하고 표현은 아름다워야 한다"고 군자를 논했다. 국회의원의 말은 진실로 이중적이지 않은 표리가 같아야 한다. "올바른 말에 의한 표현은 사물을 분별해 근간을 세울 수 있는 방법이며, 내용이 충실하면서도 요점을 잘 파악하는 것은 말을 완성하는 방법이다"라고 말의 논리성을 설명한다.

말은 잘하는 것이 아니고 표현을 전달하는 충실성이 있어야 한다. 말은 예술이지 장난의 대상이 아니다. 정치가의 말은 진실되고, 진정이 함께하는 신의가 필요하다. 정치인과 정치꾼은? 정치가가 되어야 한다.

148.5 m^2
(45평)

사고의 축소와 확장

말하는 순간 틀린 말이 된다는 개구즉착(開口卽錯)
과 생각이 나오는 순간 어그러진다는 동념즉괴(動念卽乖)가 생각나
는 건축물이 하나 있다. 국회의원회관이다. 국회의원들은 추종자
가 아니고, 지도자가 되어야 하는데 추종자가 되니 이런 말들을
듣는 것이다.

관(館)자는 집 관자로 집, 객사에 사용하는 글자이다. 국회에는
의사당, 의원회관, 도서관, 박물관, 소통관, 의정관, 사랑재 등의
건축물이 있다. 이 중에 관(館)이 5개나 있다.

본래 관은 큰 숙소 건축물로 많은 부속시설을 포함하는 건축물
이다.

다양성이 있어야 할 국회에는 국회의 본래 의미를 상징하는 의사당을 제외하면 관(館, 높은 신분)과 재(齋, 낮은 신분)뿐이다. 이래서 민의가 양분되나 하는 생각도 든다. 한자로 집을 나타내는 글자는 160개 이상이다.

이 중에 국회의원회관이 있다. 여의도에서 정치하는 사람 300명이 각자 1실씩 사용한다. 그 외에 목욕실, 식당, 의무실, 휴게실, 체력단련실, 편의점 등이 있다. 과연 '관'다운 건축물이다.

그런데 꼭 동네 또는 마을 같은 느낌이 든다. 사람에게 필요한 시설은 다 있으니 회관보다는 동네라고 하는 것이 더 좋다는 것이 내 생각이다. 동네에는 정이 있고, 예절이 있으며, 양보가 있고, 겸손이 있다.

동네는 '사람들이 생활하는 여러 집이 모여있는 곳'이라는 뜻이다. 건축물이 한 동이지만 있을 것이 다 있으니 윗동네, 아랫동네라고 불러도 정다울 것 같다. 국회의원회관보다 국회의원 동네라고 나는 말한다.

이 동네의 집은 한 동으로 되어 실과 실이 단절된 느낌이 든다. 낮게 울타리를 친 낮은 집으로 되어있으면 얼마나 좋을까 하고 생각해 본다.

이 동네는 집이라고 하지 않고, 실이라고 한다. 1실의 면적이 148.5m^2(45평)이다. 집에 대한 평등이 있다. 월급도 똑같다. 그런데 삶의 선택은 다르다. 지상천국이면서 이 세상 최악의 삶의 터다.

주어진 조건대로 살면 국민을 위한 참다운 성실한 삶이 나오는

포(舖): 쎄실과 난실이 간격을 조절하면

행복의 터인데, 정치하는 사람들의 선택에 따라 조건이 존재하다 보니 여러 가지의 삶이 있는 동네이다.

45평은 크고 넓은 집이다. 집이 크고 넓으면 최악의 삶의 터가 된다. 크고 넓으면 목소리가 커진다. 노동량이 많다. 이웃 간에 거리가 생긴다. 의심을 만든다. 자신에게 충실할 수 없다.

계획의 판은 좁아야 한다. 그리고 행동의 판은 넓어야 한다. 이것이 삶의 공간 이론이다.

관(館)을 나누어 실(室)로 명하고 있다. 의원실은 계획하는 곳이지 행동하는 곳은 아니다. 좁은 곳은 좋은 일을 하게 하고, 넓은 곳은 나쁜 일을 하게 한다.

좁은 공간은 마음과 정신을 모으지만 큰 공간은 흩어지게 한다. 정신집중이 필요할 때는 굴이나 무문관을 찾는다. 좁은 곳에서는 바르게 본다. 넓은 곳에서는 대충대충 본다.

집중의 문제다. 생각의 모임과 흩어짐도 공간이 만든다. 넓음은 노동을 만들지만, 좁음은 자유의 시간과 정신의 집중을 제공한다.

특히 정치하는 사람들의 창의와 창조의 공간은 좁아야 한다. 데카르트는 좁은 숙소의 공간에서 파리가 날아다니는 궤적 때문에 공간 좌표계를 생각했다. 대다수 국민들은 좁은 곳에서 정답게 생활한다.

공간의 조화에서 사람들은 개성을 만든다. 공간의 조화는 빛이 만든다. 외부의 빛과 사람 내면의 빛이 조화를 이룰 때 우리는 개성을 갖는다.

공간이 바뀌면 사람은 바뀐다. 생각을 하는 공간과 성과를 만드는 공간은 좁아야 한다. 좁은 공간은 단순하게 살도록 장려한다. 서로의 관계 형성에 이점을 준다.

국회의원회관에서는 면적의 확대만 있지 생각의 확대는 없다. 면적이 넓은데 더 넓히려 하기 때문이다. 좁힘에 관심을 가져야 한다. 그래야 좋은 생각이 많아진다.

의원실이 넓어지면 정치하는 사람들의 권위의식만 높아지지 권위는 더 떨어진다. 능력은 떨어지는데 욕심만 올라가면 문제가 생긴다.

의원실을 맡는 데도 선수(당선 횟수), 나이를 따지니 이것은 똑같은 월급을 받고, 똑같은 일을 하는 평등을 강조하는 동네에서 있어서는 안 된다.

장수 방, 낙선 방, 실세 방 등 층수를 가지고 어쩌고저쩌고 따지는 정치하는 사람들이 많다고 하는데 석기 시대의 촌장도 아니고 가위, 바위, 보로 결정하는 것이 좋다.

장풍득수는 그렇게 좋지 않다고 하면서 자신들이 일할 장소 배정 때는 장풍득수에 의한 위치를 따지는 정치하는 사람들이 그렇게 많다고 한다. 국회의구를 자청하는 비현대적 사고다. 엘리베이터를 없애면 모두 1층을 좋아할 것이다.

이와 같이 근무할 곳을 좋은 곳으로 선택하기 위하여 경쟁이 치열하다고 한다. 과제를 가지고 대결을 하면 어떨까? 4년만 있으면 운명이 어떻게 될지 모르는데 그토록 집무실에 매달려야 하는지

포(布): 써설과 낟실이 간격을 조절하면

속을 모르겠다. 소욕지족(少慾知足)을 알면 참 좋은데 의구들의 행위는 이해가 안 되는 것이 많다.

어디서 일을 하느냐가 중요한 것이 아니고, 어떤 일을 자신이 제일 잘하는가를 아는 것을 국민들은 보고 싶어 한다. 시간, 기회, 장소가 정치의 3요소라고 한다. 이것을 잘 알고 있으면서 그에 따른 맥락은 모르는 것 같아 참 안타깝다.

말을 하는 앵무새는 새장에서 살고, 말 못 하는 새들은 창공을 자유스럽게 날아 노닌다. 종속되지 않는 지도자가 되어야 진정한 국회의원이다.

대한민국의 국회의원회관에는 45평의 1실에 10명이 일을 한다. 스웨덴은 5평의 방에 보좌관과 비서관이 없다. 국회의원 2명이 일하고 있다. 일의 능률은 스웨덴 70, 우리는 ?이다.

스웨덴 국회의원들은 4년 임기 동안 70여 개의 입법을 발의한다. 우리는 알 수가 없다. 좁은 공간의 미학이다. 45평에 점 하나를 찍으면 어떨까? 4.5평이 되면 법안 발의 수가 70건이 되려는지?

정치가 공식적으로 부정되기 전까지는 정치를 믿지 말라고 했다. 말의 잔치 때문이다. 큰 공간에서 연습한 것이 큰 목소리뿐이니 어찌할 것인가? 좁은 공간의 말은 속삭임 같이 요점이 분명하고 너저분하지 않다.

회관은 어떤 단체에서 집회장 따위로 쓰기 위해 베풀어 놓은 집이다. 중국의 명, 청 시대 때 동향, 동업자의 상호부조와 친목을 위하여 베푼 기관 또는 집이다. 이런 뜻이 있는 것보다는 인정이 우러나는 대한민국의 동네가 좋다.

국회의원회관이지만 내부는 실로 구성된다. 학교도 실로 구성된다. 동일 건축물에서 실로 나눠지면 1인의 지휘체계가 먼저 생각난다. 일도 지휘체계 같이 이루어질 것 같은 느낌이 든다.

"일에 있어서는 자신이 자료를 다 찾고, 정리하면 자기 분야에는 모르는 것이 없어진다. 아울러 겸손이 수련된다" 스웨덴 국회의원들의 말이다.

이것은 좁은 곳에서 국회의원 자신이 직접 일을 하는 이익효과다. 우리는 9명에게 시키는 문화다. 권위의식만 우뚝하다. 그래서 국정 질문에서 실수도 많이 한다. 넓은 곳에서 일하는 모순이다.

스웨덴 국회의원들은 국민과 같이 대중교통을 이용하고, 비행기도 이코노미석을 타면서 항상 국민 속에 있다. 그것에서 국민을 생각하는 마음을 키운다. 이렇게 해서 이 세계의 국민복지의 고향이 되었다.

스웨덴의 국회의원들은 좁은 공간이 만든 연민과 애정이 깃든 영광의 꽃이다. 국회의원들은 희생하면서, 국민을 위한 복지를 스웨덴 국회의원들은 만들었다.

국회의원실이라는 공간에 들어서면 그곳에서 일하는 사람들은 차원을 생각해야 한다. 점(셈 측도), 선(길이), 면(넓이), 입체(부피), 초입체(시공간)의 현실에서 살고 있는데, 국회의원이 더 많이 국민을 생각한다면 더 세밀한 차원을 알 필요가 있다.

의원실에서는 차원 높은 이야기가 나오고, 그것을 향해 가는 끈

포(布): 써실과 날실이 간격을 조절하면

질긴 활동력과 끈기가 필요하다. 공간에 있는 차원은 우리가 가진 생각의 상상이 현실로 존재하게 하는 것이어야 한다.

차원은 사물을 바라보거나 생각하는 입장이다. 차원의 의미를 알고 업무를 보면, 국회의원은 직무수행에 따른 어려움을 모를 것이다. 차원을 한 단계씩 높이면 문제는 쉽게 해결되고, 쉽게 계획된다. 차원에는 삶에 대한 많은 결정 사항이 들어있다. 좁은 공간에는 세밀한 차원 이야기가 있다.

공간의 차원은 사람이 가진 사고의 축소와 확장이다. 차원을 잘 알면 업무에 관한 문제는 쉽게 해결된다. 문제는 우리가 차원을 생각하지 못하고, 한 가지 차원에 얽매여 있다는 것이다.

차원은 축소와 확장을 같이 생각하는 것이다. 차원이 높아진다는 것은 능력과 실력과 지식이 늘어난다는 것이고, 지혜가 한층 더 많아진다는 것이다. 도전이 이루어진다는 말이다.

국민이 제시하는 민의가 점을 가지고 오면 선으로 해결하고, 선을 가지고 오면 면으로 처리하고, 면을 드러내면 입체로 분석하여 이해시키면 된다. 입체는 시공간을 동원하여 과학적 접근으로 문제를 풀어내면 된다.

시간, 기회, 장소만 생각하면 법은 시기에 맞게 제정할 수 있다. 시공간의 예술이 법이다.

삶의 공간이 좁은 곳에서 생활하는 습관이 있어야 정신적 확장 이론이 나오는 것이다. 이래서 우리 조상들은 옥(屋)보다는 사(舍)를 좋아했다.

큰집보다는 작은 집에 복이 온다는 뜻이다. "호화로운 집은 귀신도 미워한다(고명핍신오高明逼神惡)"고 장구령이 말하였다. 이제부터 장소의 넓이를 탓하지 말고, 정과 겸손이 오가는 국회의원들의 동네를 만들었으면 한다.

사랑재

— 애민과 인류애

사랑재라는 한옥이 국회에 있다. 재(齋)는 당(堂)보다 폐쇄된 조용하고, 은밀한 구조의 집이다. 재는 숨어서 정신을 가다듬고, 수신하며, 처세하는 공간이다. 살림집에 많이 붙는 편액이다.

재(齋)는 사람이 사는 집으로 정신과 몸을 수양하고, 가족들과 처세법을 같이 배우는 곳이기 때문에 공간이 작고 조용하다.

국회에는 관(館)이 많아서 '투쟁관'이겠지 하고 편액을 보니 서민의 집인 재(齋)자가 붙은 사랑재이다. 웃음을 참고 '웬 재(齋)'하고 생각해 본다.

사랑재는 재(齋)의 의미와는 거리감이 있는 집이다. 재에는 온돌의 따뜻한 감정이 있고, 대청의 냉정한 이성이 있다. 그러나 사랑재에는 온돌이 없을 것 같고, 루(樓) 같은 느낌이 드는 집이다.

속은 보여주지 않고 문을 닫아놓았다. 겉치레를 보라는 집 같다. 이것이 국회가 말하는 사랑의 본모습 같이 느껴진다. 문인석, 석마, 석호, 석등은 왕릉에 있어야 한다. 이토록 겉면이 중요한가?

한옥은 숨을 쉰다. 사람의 숨소리와 소통할 때 내면이 더 단단해지고, 경륜이 쌓이고 오래가는 것이 한옥이다. 그런데 '관계자외 출입금지' 팻말을 세워두고, 자기들만의 잔치를 하고 있는 곳이 사랑재이다.

사랑재는 국회가 국민을 사랑하는 마음으로 대화와 타협과 화합과 상생으로 정치를 하겠다는 다짐이 담겨 있다고 한다. 담겨만 있냐고 물으니 설명자는 말이 없다.

국민을 사랑한다면 속을 보여주어야지 사용 목적 다섯 가지를 내규 조항에 묶어놓고, 국민을 사랑한다는 것은 말이 안 된다. 높은 사람들이 모여서 밥 먹는 공간만 되어서는 사랑은 빛 좋은 개살구가 되는 것이다.

지붕 끝에 있는 조그만 치미는 사랑을 찾는 등대 같은 애정이다. 문 살의 경선과 위선은 삶의 방향을 말하고, 가로와 세로인 마루는 욕심의 자제를 제시한다. 수직과 수평의 기둥과 보는 흔들림 없이 삶을 살라고 인생을 독려한다.

건축은 수직과 수평의 결합이다. 나는 이것을 사랑의 다른 말이라고 말한다. 정치는 사랑을 먼저 말하면 안 된다. 연민을 먼저 이야기해야 한다.

정치적인 사랑은 바탕이 연민이어야 모두가 사랑으로 보이기 때문에 연민을 앞세운다. 말로 하는 사랑보다 말이 필요 없는 애틋한 사랑을 키우는 것이 연민이다.

사랑은 애틋한 그리움과 좋아하는 마음이다. 사랑은 유효기간이 사람들에 따라 차이가 많은, 등록되지 않은 상표이다. 특히 정치하는 사람들의 사랑이 그렇다.

사량(思量)이 사랑으로 되었다는 설이 있다. '량'이란 주고받는 저울의 눈금이다. 사랑은 주고받으면서 균형을 유지하는 동반관계이다. 그래서 사랑은 편심이지 균형이 아니다. 그러나 겉치레가 화려한 사랑재는 좌우 균형이 정확한 집이다. 사랑을 균형으로 본 사랑재다. 균형은 평등이다. 평등은 신들이 하는 작업이다.

국회에는 정치하는 사람이 300명이다. 이 사람들이 사랑재에 와서 사랑이 편심인지 균형인지 생각해 본 적이 있는지 묻고 싶다. 정치하는 것을 보면 편심으로 무장된 사람들만 있기 때문이다.

국회에 있는 300인은 자신들이 존경받는다고 생각하면 안 된다. 국민이 사랑하는 것은 국회의원이라는 자리이지 사람이 아니다. 더 겸손하고 학습해야 본인에게 사랑이 온다고 깨달아야 한다.

사랑이란 사람의 모든 감정을 알아야 하고, 이해와 연민의 폭이 오대양 육대주 같으며, 내가 가져보지 못한 감정을 새로 얻었을 때 공경과 두려움을 가지며, 영혼이 같이 경험하는 것이다.

"사랑하는 것은 행복을 투자하는 것이고, 사랑을 받는 것은 행복에 대한 부채다"라고 했다. 사랑받고 싶다면 정치하는 사람들은 연민과 함께하는 더 큰 사랑을 해야 한다. 그리고 말과 행동을 사랑스럽게 해야 한다. 이것이 정치하는 사람들의 사랑법이다.

정치하는 사람들의 사랑은 가짜 사랑이 많다. 사랑재의 모습에서 보는 사랑 때문이다. 국민은 속으면 안 된다. 사람다운 사람을 보려면 정치하는 사람들을 자세히 보라. 그러면 그들은 사람이 아니라는 것을 알 수 있을 것이다. 기회와 때에 따라 처세가 달라진다.

이들이 사랑재란 편액의 뜻을 안다면 사랑의 진실과 진정이 흔들리지 않을 것이다. 대문, 마당, 부엌, 사랑방, 건넌방, 안방, 마루, 외양간, 화장실, 장독대 등이 사랑(愛)으로 연결되어 있다는 것을 알 수 있어야 하기 때문이다.

정치는 풋사랑, 거짓된 사랑, 천박한 사랑, 무심한 사랑, 나밖에 모르는 사랑, 주병의 입 같은 좁은 사랑, 열 받는 사랑, 기가 막히는 사랑, 개울 같은 사랑이다. 대한민국 정치의 사랑이 오대양 육대주의 다문화 같아야 한다고 사랑재를 짓지 않았을까?

정치가 사랑하는 것은 정치하는 사람이고, 정치하는 사람이 사랑하는 것은 정치 같지 않은 정치일 것이다. 그 외는 사랑으로 보이지 않고 사랑 비슷하게 볼 것이다. 아내가 라면을 사 오라고 하면 계란이나 김치를 생각지 못하는 것이 남편들의 사고의 폭이다.

정치하는 사람들의 사랑법도 이와 같다. 자기만의 정치를 생각하지, 바른 정치와 정치의 반찬은 생각지 않는다. 사랑재에 부엌이 없어서일까? 때론 국민들이 배가 고플 때 맛있는 반찬 한두 가

포(庖): 써실과 날실이 간격을 조절하면

지만 베풀어 주면 그 사랑에 국민들은 포만감을 느낀다.

정치가 연민을 깨닫고 나서 사랑을 할 때는 태생을 알아보고 사랑을 해야 한다. 자기 자신의 사랑은 출처를 따지지만, 정치에 필요한 사랑은 면책특권을 믿고 표현하는 것이 지금 국회의구들의 사랑법이다.

꿀벌은 밖에 있는 재료를 가지고 자신의 몸속에서 꿀을 만들어 저장하는 합리적인 사랑을 한다. 경험적인 사랑이 과학을 말할 수 있다. 무조건의 정치 공학, 정치 과학이니 하는 것은 정치하는 사람들의 사랑법이 아니다.

지난 일을 교훈 삼아 국민을 통해 어짊을 파악하고, 거울을 통해 자신의 형체를 사랑화 해야 한다.

국민들은 정치하는 사람들에게 속으면서도 사랑의 근본을 생각하며 참아내고 있다. 겸손하고 성실한 민족성을 사랑이란 따뜻함으로 보존하고 있는 대한민국 국민이다. 따뜻함이 차가움으로 되면, 국민의 이성은 용서를 하지 않고, 체제를 바꾼 것이 대한민국 국민이 가진 사랑법이다.

거짓의 사랑은 쉽게 할 수 있지만, 진실한 사랑은 어렵다. 예수님도 좁은 문으로 안내한다. 부처님도 자비의 범위를 말하지 않았다. 사랑을 국민의 생명과 같이한다는 진실성을 가지고 대한민국 국회에는 사랑재를 지었다.

사랑재는 한옥으로 지어 전 국토를 연민의 정신으로 아우르면서 사랑의 힘을 퍼트리라고 요구한다. 축소된 사치적인 사랑을 확대된 보편직인 사랑으로 서보를 껴안으라고 가르친다.

사랑재를 보고 있는 국민들이 여기저기서 지방 사투리로 이야기한다. 사투리를 사랑할 때 국민은 자신을 사랑하면서 겸손해진다. 나는 같이 어울려 사투리 공부를 하였다. 같이 있는 동향 출신의 정치하는 사람은 표준말을 하려고 노력하는 모습이 보인다.

있는 그대로, 가진 그대로 자신을 사랑할 때, 자연의 빛은 순백색을 만들어 판을 깨끗이 한다. 허영에서 멀어져야 자신이 깨끗해지고, 국민이 맑게 보인다. 사랑재에서 진실하지 못한 정치적인 사랑을 생각해 보는 것도 재미가 있다.

국민이 사용하는 '사랑 애(愛)'자는 앞에 붙어야(애민, 애인, 애향심, 애교심, 애국, 애족 등) 신바람이 나고, 정치하는 사람들이 사용하는 '사랑 애(愛)'자는 뒤에 붙어야(인류애, 민족애, 인간애, 평화애 등) 신뢰감이 형성된다.

사랑 속에서 우리는 존재한다. 노숙이 유비에게 형주를 돌려달라고 할 때 유비는 욕심의 눈물이지만 국민을 사랑하는 마음도 가지도 눈물을 흘렸다. 정치하는 사람들은 욕심도 있어야 한다. 그 욕심은 국민을 위한 진심이 우선된 욕심이어야 한다.

자연의 사랑은 섭리를 원칙으로 한다. 정치하는 사람들은 섭리를 모르고 사랑의 도리만 아는데, 자기 위주의 도리만 안다.

종과 횡의 사랑이 있다. 횡은 치사랑과 내리사랑을 말한다. 종은 박애적인 사랑을 말한다. 지배하는 사랑과 지배당하는 사랑이 횡(橫)적 사랑이고, 보이는 사랑과 보는 사랑이 종(縱)의 사랑이다. 사

포(布): 씨실과 날실이 간격을 조절하면

방을 보면서 사랑을 찾아내는 것이 사랑재에서 보는 정치하는 사람들의 사랑이어야 한다고 맺어본다.

추상적인 사랑, 즉 이론적인 사랑은 구체적인 사랑, 즉 실사구시의 사랑을 따르지 않는다. 실생활에 필요한 사랑이 정치하는 사람들의 사랑이어야 한다.

정치하는 사람들은 필요에 따라 과거, 현재, 미래를 모두 사랑의 대상으로 가지려고 한다. 현재는 선물이기 때문에 국민들은 현재를 기준으로 생각을 정리하고, 판단하고, 결정한다. 국민들은 현재를 생활의 기준으로 맞춘다.

그러나 정치하는 사람들은 막연하게 현재라는 말만 한다. 사랑은 현재를 기준으로 늘 변한다. 그런데 시공간에서 변하지 않는 보편적 가치를 지키려고 하는 사람의 기준도 가지고 있다.

"사랑합니다"라는 말을 가장 많이 하는 사람들이 정치하는 사람들이다. 때와 장소도 모르고 사랑의 뜻도 모르면서 비웃음 같은 미소를 띠며 사랑한다고 한다.

국민들은 그것이 가짜라는 것을 다 안다. 쇼와 인기는 아주 다른 영역이다. 더군다나 사랑의 영역은 말로 표현할 수 없는 자기 충실이 있어야 내 사랑의 품이 된다.

판단의 사랑은 경험의 사랑을 따르지 못한다. 감성적 사랑은 겉 표현이고, 이성적 사랑은 내면의 창문이다. 창문은 계속 닦아야 제 능력을 보여준다. 그래서 큰 사랑은 수련이 필요하다.

정치하는 사람들의 이성적, 감성적 사랑은 죽었다. 정치하는 사람들은 길 잃은 방랑자가 되고 있다. 정치하는 사람들은 사랑을 표현할 때 자신이 가진 경험, 감성, 이성을 되돌아보고 나서 국민을 봐야 국민의 진심을 볼 수 있다.

사랑은 시간과 노력을 들여야, 사랑하고 사랑받을 사랑이 된다. 딸이 5살 때 딸과 함께 뉴욕 맨해튼에서 처음 사진을 찍은 사람이 15년 동안 같은 장소에서 같은 모습으로 사진을 찍었다.

이 사진 15장을 딸이 대학생이 되고 나서 봤다. 시간과 노력이 변함을 이어주었다. 이런 사랑이 진정한 사랑이다. 4년이지만 이런 정성과 변함을 이끌 수 있는 사랑을 국민들과 해봐야 정치가라는 국회의원 소리를 들을 수 있다.

딸과 사진 15장을 찍은 스티븐 아디스를 TED에서 보고 나는 왜 그런 생각을 못 했을까 하고 후회했다. 사랑은 후회를 시기라고 하던가? 사랑은 말로 하는 것이 아니다. 판단 대신 서로의 감정을 배신하지 않는 것이다.

책임감이 부족한 정치하는 사람들은 정보에 의하면, 사실은, 개인적으로 말해서, 아마도, 아무튼, 전해 들은 바에 의하면 등의 말을 많이 쓴다. 대결의 언어다. 주관적인 말과 생각은 사랑과 정치에 도움이 되지 않는다.

사랑은 명사로 표현해야 한다. 꾸밈말인 부사는 사용하지 않아야 책임감이 분명한 사람이 된다. 사랑은 진실과 정직과 참한 행동이 책임으로 연결될 때 진정한 사랑이 된다.

날개를 반쯤 편 사랑재는 날개집이다. 날개를 완전하게 펴면 연

포(抱): 쩌실과 낱실이 간격을 조절하면

민으로 인하여 정치하는 사람들의 사랑이 완숙으로 될 것이다

정치하는 사람들의 사랑이 민족애와 인류애로 바뀔 그날이 사랑재에서 숨 쉬고 있다. 정치하는 사람들이 연민을 알고, 사랑을 할 때를 국민은 기다리고 있다.

신(新)

: 처음과 같이 새로워진다

조각보와 같은 소통

- 이성과 지성이 필요

조각보와 같은 소통은 완벽을 지향하는 과정의 연속이다. 태어날 때의 완벽함을 찾는 과정이 조각보와 같은 소통에는 있다.

자연은 흙, 물, 바람, 비, 빛으로 소통하고, 사람은 말을 가지고 소통한다. 섭리(攝理)와 언리(言理)라는 소통법을 말한다. 소통은 자연과 같은 말 없는 섭리인 행동의 연속이어야 한다. 그런데 사람은 말로써 약속을 무시하는 것을 소통이라고 한다.

소통은 참을 찾는 수행이다. 수행은 행동이지 말이 아니다. 소통은 행동의 진리와 통해야 한다. 한마디로 소통은 어렵다는 것이다.

가을바람이 빛과 소통되어 나무들에게 동화작용을 시킨다. 여의도의 숲은 오색으로 물들고 있다. 숲속에 있는 4층의 국회소통관 건축물이 주변의 자연물들과 멋진 소통을 하면서 얼굴이 홍당무가 되어가고 있다. 창문에 비치는 단풍이 소통과 조화로 읽힌다. 자연과 멋진 소통을 하고 있는 소통관이다.

이 건축물이 사람들 간의 소통을 어떻게 조화시킬 수 있는지를 생각하며 둘러본다. 소통관이라고 하는 건축물에서 소통을 찾아본다. 1층은 결혼식장과 연회시설, 2층은 프레스 센터, 3층은 행정부와 파견직원 근무공간, 4층은 추가적인 사무공간으로 크게 분류한다는 설명을 듣는다. 소통의 용도인지, 형식인지 이해가 안된다.

추녀 형식의 돌출 부분이 건축물의 모서리 쪽에 층별로 8m씩 3개 층에 24m가 돌출된 것이 인상적이다. 24번의 생각과 말들이 교환되어야 소통이 된다는 것을 강조하는 것 같아 마음에 와닿는다.

소통공간으로 본다면 2층에 있는 언론기관과의 소통만 있는 것 같아 아쉽다. 소통관과 의사당은 가깝지 않다. 이것으로 본다면 친절한 소통이 아닌 불친절한 소통의 공간으로 볼 수도 있다.

지방자치단체와의 소통에 관한 공간은 없다. 외국 대사관들과 각 나라의 소통을 위한 배려 공간도 없다. 작은 소통(자신과의 소통)보다는 큰 소통(남과의 소통) 즉 언론, 지방자치단체, 외국과의 국제적 소통공간을 기대했었다.

소통의 사전상 의미는 "사물이 막힘이 없이 잘 통함"과 "의사나 의견 따위가 남에게 잘 통함"이다. 이 의미를 충족시키려면 큰 소

신(新): 처음과 같이 새로워진다

통을 이야기해야지, 작은 소통공간만 있어서 아쉬움을 느꼈다. 지금 대한민국의 정치하는 사람들은 국제간에 큰 소통을 이루어야 한다.

소통은 내면을 지배하는 이성과 지성을 필요로 하는 인간관계의 접근법이다. 또한, 자기 높임과 자기 낮춤의 중간지대를 서로 공유하기 위한 것이다. 말보다는 행동의 진실성이 있어야 멋진 소통법이 된다.

비판도 합리적인 소통을 위한 비판을 하자. 그래야 비판에 머물지 않고, 더 나은 소통안과 소통법을 찾을 수 있다. 소통을 생각하지 않은 비판은 소통을 생각하지 않게 한다.

정치하는 사람들의 정신적 수준을 보여주는 것이 본성을 장소에 따라 숨길 때이다. 습관이 본성을 지배한다고 한다. 진실과 가식은 소통에서 잘 나타난다. 정치는 소통이 잘되면 서로 간에 약이 되고, 그렇지 않으면 독이 된다.

만물은 서로 연결되어 있고 의존적이다. 이것은 소통을 필요로 한다는 의미다. 행동한다는 것은 단일체인 사람이 가진 성질이다. 오고 가는 것이 연속되면서 행동체의 성질은 연속된다. 선한 행동이 있어야 소통에 의해 좋은 것과 새로운 것이 생겨난다.

서로 행동하면서 칭찬을 하라는 뜻이다. 칭찬이란 새로운 것이 활기 있는 소통을 연결한다는 말이다. 칭찬은 소통의 공용어이기 때문이다. 사람이 가진 감성과 이성은 칭찬으로 만들어진 소통의 어원이다.

신이 저음 만든 것이 감성이고, 제일 나중에 만든 것이 이성이라고 한다. 그래서 이성은 감성을 소통하게 하고, 감성은 이성을 마음으로 끌어들이려고 한다. 소통이 바라는 건전한 순환성이 감성과 이성의 판단이다. 즉 소통은 만물이 이성과 감성으로 서로 연결되어 상생하는 것을 말하는 것이다.

대한민국 국회에 있는 소통관 건축물의 창문을 보고 있다. 1층이 제일 크다. 2층이 그다음이고, 3층이 좀 작고, 4층도 적게 설치되어 있다. 멋진 구성이다. 작은 소통과 큰 소통의 순서와 범위를 보여준다.

갑자기 몬드리안의 〈빨강, 파랑, 노랑의 구성〉과 클레의 〈고속도로와 샛길들〉이란 조각보 같은 그림이 생각났다. 동시에 어머니들의 절약 정신, 절제의식, 박애의 사상이 깃든 '조각보'의 형상이 눈에 스친다. 대한민국의 국회 소통관 건축물의 창문은 잘 정리된 대형 조각보이다.

차분히 생각해 보니 어머니들이 만든 조각보는 소통의 스승이다. 어머니들의 사랑과 소통이 배어있다. 조각보에는 시침질, 홈질, 감침질, 공그르기, 박음질, 상 침질 등 바느질의 소통 기술이 들어있다.

깨닫고 사물을 보면 같아 보인다. 깨닫지 않고 사물을 보면 다르게 보인다. 같음과 다름을 확장하거나 축소하는 것은 정치하는 사람들이 보여주는 소통능력이다.

어머니들의 정성인 조각보를 보면 나는 어느 누구와도, 무엇과도 소통을 거부할 명분이 없다는 것을 깨닫는다. "정성을 듬뿍 받은 물건만이 제 가치를 다하고, 남과의 소통에도 문제가 없다"는 어머니의 박애 정신을 조각보에서 배우기 때문이다.

어머니들은 정성이 소통되어, 바람이 기원된 조각보로 물건을 싸면서, 복을 비는 마음을 대신하였다. 가족들 간의 희망의 소통을 기대하며, 이러한 조각보로 밥상을 덮어놓으면서 가족들이 바른 뜻을 모으게 하였다.

조각보를 만들면서 파란색 천과 빨간색 천의 조각을 이을 때는 보라색 실을 쓴다. 그래야 두 개의 가름 속을 갈랐을 때 실 색깔이 밖에서 튀지 않는다. 이것이 상대를 존중하는 바느질 소통법이다.

다름을 보이는 것도 중요하지만 회의나 커뮤니케이션의 결과가 한 방향으로 원활한 결론을 보이기 위해서는 튀지 않고, 다른 사람들과 각을 맞추고, 조합하여 단일의 효과를 가져와야 소통이 잘 되었다고, 인증받는 것이 바느질 소통의 결론과 같다.

조각보의 바느질 기술이 소통의 방법이고, 조각보는 바느질 소통의 결론이다. 어머니들의 조각보 바느질에서 나는 오색의 소통을 배웠고, 사람의 결과 무늬가 만들어지는 학습의 과정을 알았고, 정성과 사랑은 좋은 끝을 만든다는 것도 배웠다.

'그들'과 '우리'라는 끼리끼리의 소통은 우리의 소통법이 아니다. 어머니들의 조각보 만드는 바느질 소통의 기술이 전통적인 우리의 소통법이다. 정치하는 사람들이 바느질 기술을 이해한다면 지금과 같은 '그들'과 '우리'라는 끼리끼리의 불통법을 해소할 수 있다.

조각보는 주로 오방색으로 구성된다. '구궁도'와도 같아 보인다. 중앙과 동, 서, 남, 북의 소통공간을 뜻하는 오방을 보면 오방색의 조각보가 보인다.

파랑은 동쪽, 빨강은 남쪽, 노랑은 중앙, 흰색은 서쪽, 검정은 북쪽이다. 소통이 흐르는 공간이다. 소통의 한자어 疏通은 "트이어 통하게 된 곧게 뻗은 길"로 해석되는 재미있는 한자어다.

길을 거침없이 가려면 오방과의 소통이 있어야 한다. 삶도 그렇다. 태어날 때의 완벽이 소통이 안 되면 사람으로서의 꿈이 연결되지 않는다.

조각보의 오방색 무늬는 사람의 꿈을 소통으로 연결시킨다. 꿈은 소통의 과정이 뚫어내는 내면의 행동이다. 그래서 소통은 삶의 과정에 중요한 것이다.

오방색으로 구성된 조각보를 보면 사람의 성실성, 정서, 감성, 이성을 알 수 있다. 무엇보다 중요시해 오고 있는 인, 의, 예, 지, 신이 오방색에 바탕을 둔 사상이다.

소통의 깊은 뜻은 인, 의, 예, 지, 신을 합리적으로 아름답게 풀어내는 것이다. 소통은 많이 보고, 느끼고, 깨달으면 깊고 넓은 도심(道心)이 바탕에 쌓여서 모소대나무같이 싹을 틔우는 것이 된다.

조각보는 조각들의 소통으로 바르고 진실된 문양을 보여준다. 사람도 성질과 성격의 소통을 모아야 자신의 바른 형상을 만들 수 있다. 자연적인 존재인 사람 대 사람으로 만나서 사람 본연의 자리에 서는 것이 소통의 자세다.

음식도 색깔에 오방색이 적용되어 소통을 이끈다. 소통의 밥이라는 비빔밥이 그렇다. 단백질은 빨간색, 탄수화물은 흰색, 지방은 노란색, 식이 섬유와 비타민은 파란색, 발효식품은 검은색으로 표현한다.

소통의 범위는 끝이 없다. 삶은 소통의 연속이다. 소통이란 어휘를 머리에 두고, 사물을 보면 소통으로 많이 보인다. 소통이 되지 않으면 생각도 나지 않고, 보이지도 않으며, 성장과 발전도 없다.

조각보에는 동서남북의 소통을 말하는 사각형이 있다. 안정과 번영과 목표를 말하는 삼각형도 있다. 모서리가 없이 남들과 원활한 소통을 말하는 원형도 있다. 이 세 가지의 기하학이 사람이 가진 기본 모형이다. 여기서 완벽한 소통을 위해 고차원의 도형을 찾는 것이 사람이다.

논과 밭도 물과 바람과 빛이 함께 소통되는 조각보이다. 제주도의 밭 담을 보면 시침질이 되어있는 조각보로 확연하게 보인다.

조각보는 작은 조각과 큰 조각 또는 같은 조각이 소통하듯 구성되어 조화를 만든다. 조화의 결론이 소통이다. 결론은 겸손이 있는 소통이 만든다.

로마에 있는 캄피돌리오 광장의 바닥 무늬가 이탈리아의 조각보이다. 페르시아 카펫이 페르시아의 조각보이다. 각 나라의 국기도 조각보이다. 모두 소통을 말하는 상징물이다. 우리 어머니들이 만든 조각보가 전파되어 세계화가 된 것들이다.

조각보의 소통은 세상을 이끌어 가고 있는 힘이나. 정치하는 사람들은 조각보를 생각하고, 작은 조각(작은 소통)과 큰 조각(큰 소통)의 소통을 항상 염려해야 한다.

바다의 섬들도 조각보의 조각들이다. 태양과 달과 별도 조각보의 조각들이다. 우주를 포함한 자연은 조각보의 소통과 같이 완전한 소통을 한다.

자연의 소통법인 오색의 소통이 자연스럽게 만들어지는 모습을 나는 매일 본다. 그러나 사람은 흑백의 이분법적 소통을 한다.

'그들'과 '우리', '나'와 '너'만 알기 때문에 사람은 소통도 공부해야 한다. '그들'과 '우리'를 합치면 '모두'가 된다. 정치하는 사람들은 '모두'를 생각하는 소통을 해야 한다. 싸움은 싸움이지 소통이 아니다.

바닥에 깔린 대리석, 포장 석, 벽돌의 원조가 조각보다. 원래 아름다운 미는 자투리가 모여서 만든다. 몸통은 아름다움을 만들지 못한다. 자투리의 소통이 몸통을 만드는 것이다. 의견도 좁은 곳에서 큰 곳으로 진행되는 것이 순서다.

세계관은 서로의 소통을 위한 개인 생각의 조각들이다. 조각보의 무늬가 오색의 세계관이 된다. 로마네스크, 고딕, 르네상스, 바로크도 어머니들의 조각보 소통에서 나왔다.

나라와 나라의 소통은 외교라 하고, 개인과 개인의 소통을 친교라 한다. 외교와 친교를 합하면 국민이 지향하는 큰 소통어가 된다. 정당과 정당의 소통 수단과 소통어도 열린 공간에서 아부와 아첨과 아양이 없는 큰 소통어로 다듬어져야 한다.

자수 박물관에 있는 조각보들이 나를 알게 하고, 알도록 하며, 알라고 하는 무언의 소통을 요구한다. 그래서 나는 한참 동안 조각보와 무언의 대화를 한다.

조각보에 있는 많은 문양의 천에서 씨실과 날실의 소통을 본다. 씨실과 날실의 소통이 천의무봉의 소통을 만들고, 옷감의 소통으로 옷을 짓는다.

항상 작은 소통이 큰 소통의 아름다움을 짓는다. 작은 것의 중요함을 느낀다. 사람도 개인은 약하다. 사람이 가진 것은 이분법의 작은 소통이지만 이 소통을 통하여 큰 소통을 만든다.

정치하는 사람들은 잘 지어진 소통관을 소통 하나로만 보지 말고, 남을 위한 베풂의 큰 공간으로 활용해야 한다. 사회의 갈등은 점점 더 심해질 것이다.

소통능력이 포퓰리즘화가 되면 지식과 지성과는 멀어진다는 것을 정치하는 사람들은 명심해야 한다. 대한민국의 1950~1970년대와 연결시켜 기억해야 한다. 소통이 안 되면 계속 잘산다는 것은 어려운 일이다.

사람이 소통을 필요로 하는 이유는 자신에게 도움이 되지 않는 것에는 해를 가해도 되고, 이익이 있는 것에는 덕을 베푼다는 반반의 손실을 보완하자는 뜻이다. 동시에 해야 할 일과 하지 말아야 할 일을 가려내는 이성적 능력을 키우자는 말이다.

communication은 의사소통, 연락, 통신, 지연 등의 뜻이다. 라틴어 communis가 어원이다. 소통은 서로의 이익에 관한 대상이기에 소통 소통하는 것이다. 정치가 소통관까지 지으면서 소통을 말하는 것은, 주는 것은 모르고, 얻고 받는 것만 알기 때문이다. 소통은 물질의 이익에 관한 해결책이 아니고, 문제 해결에 관한 이익책이다.

역사를 품은 전통 조각보는 문양에서 자연과 사람 그리고 세상들과의 조화를 표현한다. 한국의 사상, 철학과 관계를 이어서 지금까지 아름다운 역사를 맺어 이어오고 있는 것이 조각보이다.

자연과의 소통에 의한 조화가 사람을 아름답게 만들고, 존중하는 가치로 승화시켰다. 씨실과 날실의 소통이 다양성의 결론을 만들었다. 다양성을 다양한 주제로 표현하여 우리의 가치관에 대한 정체성을 품게 하여야 한다.

조각보는 자투리 한 조각이라도 아껴서 사용하는 절약의 지혜다. 절제된 끼움과 씨실과 날실의 조화와 소통이 있는 것이 오색의 소통이다.

소통은 어머니의 마음과 정신이 있어야 한다. 조각보는 어머니의 정성이 소통된 복락 기원이다. 정치하는 사람들은 어머니를 생각하고, 어머니의 소통법인 조각보의 큰 소통을 국민과 같이 이루어야 한다.

조각보를 만드는 바느질 기술같이 계획되어 있는 소통이 가장 자연스럽다. 정치하는 사람들과 대한민국 국민과의 소통도 봄, 여름, 가을, 겨울같이 자연스럽고 아름답게 행동으로 이어졌으면 좋겠다.

싸우지 말고.

소통은 고난 없이는 만나지 못하는 경지이다.

뿌리가 만든 길

── 길에서 깨달음

자신이 생각하는 자신의 길에 대하여는 원근, 광협을 따지지 않고 그냥 길이라고 한다. 길은 깨닫고, 이해하고, 뿌리를 생각하는 곳이다. 남을 참여시키는 예절의 공간이다.

보고, 듣고, 서있고, 앉아있고, 누워있는 여기가 길의 시작점이 될 때 여기라는 길의 의미는 새로워진다.

길은 정치하는 사람들에게 파정방행과 평등일상 그리고 절대부정의 견지를 알게 한다. 그래서 국회의 사랑재와 국회 출입문 6문 사이에는 의원동산을 만들었고 '뿌리가 만든 길'이 생겼다.

식물의 뿌리는 주근과 측근으로 구성되어 쉽게 뽑히지 않는다. 땅 위 뿌리, 물 뿌리, 저장뿌리, 공기 뿌리, 기생뿌리, 호흡뿌리 등의 이름을 가진 뿌리는 식물들의 삶의 방식을 보여준다.

사람도 마찬가지다. 자신만의 능력과 자질을 가지고 세상사와 부딪히고, 쟁취하는 삶의 방식을 가지고 있다. 식물과 동물의 삶도 움직이면서 사느냐 와 움직이지 않고 사느냐의 방식을 가지고 분류한다.

나무는 옮겨 심으면 3년 동안 뿌리를 앓는다고 한다. 대한민국 어머니들의 시집살이 3년과 같다.

나무의 뿌리는 살아가기 위한 물과 영양분을 토양으로부터 얻기 위한 것이다. 물과 영양분이 많은 땅에서 살아가는 나무는 뿌리가 깊지 않다. 그러나 건조한 곳에서 살아가는 나무는 뿌리가 깊다. 사랑재(齋) 옆의 '뿌리가 만든 길'은 토양이 매우 좋아 보인다.

국회에 있는 '뿌리가 만든 길'은 내가 이름을 붙여봤다. 전남 강진에 있는 다산 초당 입구의 뿌리의 길만은 못하지만, 국민의 눈을 생각하기에는 부족함이 없어 보여서 '뿌리가 만든 길'이라 이름을 지어본다.

소나무는 생명력이 강한 나무다. 바위 위에서도 살아가니 대단한 삶의 의지를 가지고 있다. 국회에 있는 '뿌리가 만든 길'에 있는 뿌리도 소나무 뿌리다.

소나무는 수분이 적어도 잘 버틴다. 그런데 '뿌리가 만든 길'에 있는 소나무는 물과 영양분이 많아서인지 땅 위로 뿌리를 뻗고 있는 것이 보인다.

사람이나 식물이나 환경에 적응해서 산다. 환경에 적응하여 뿌

신(新): 처음과 같이 새로워진다

리를 내리는데 이것을 '변형 뿌리'라고 한다. 변형 뿌리에서 존재와 삶의 다양한 모습을 본다.

사람의 변형 뿌리는 무엇일까? 지혜(智慧)이다. '지'는 분석력과 기획력이 뛰어난 상태를 말하는 것이고, '혜'는 실행력이 뛰어난 상태를 말하니 사람의 변형 뿌리는 지혜이다.

'뿌리가 만든 길'에서 정치하는 사람들의 지혜를 알아보고 싶다.

지혜를 지해로 생각하면 안 된다. 지해(知解)는 약삭빠른 수단으로 잔머리를 굴리면서 분석하고 억측하는 것을 말한다. 지혜의 상대어가 지해이다. 정치하는 사람들 중에는 지해를 길이라고 이해하는 사람들이 많다. 지혜는 '뿌리의 길'이고, 지해는 '잔머리의 길'이라고 한다.

뿌리는 자랑하거나 소문내지 않고, 칭찬을 요구하지 않는다. 묵언 수행하듯 자기의 일과 도리를 다하고 있다. 무심과 유심의 비율이 반반이다.

'뿌리가 만든 길'에서 뿌리를 보며, 정치하는 사람들이 국민의 삶이 어렵다는 것을 배우라고 대한민국 국회에는 '뿌리가 만든 길'이 생겼다. 만든 것이 아니고 소나무들이 기백도 좋게 '뿌리가 만든 길'이 생기게 하였다.

뿌리는 생명의 힘이다. 삶에 대한 의지를 뿌리는 강하게 가지고 있다. 땅 위에서 땅속에서 삶을 찾고 있다. 상대방과 공생하기 위해 깊게, 낮게 높낮이를 조절한다. 뿌리가 보이는 '뿌리가 만든 길'에서 뿌리를 보면 삶의 모습이 보인다.

질서와는 거리가 있는 곡신들의 너울 그림이 얽히고설키게 보인다. 삶의 방향과 모양이 여러 가지다. 먹고살기 위해 물을 찾고 영양분을 찾아야 하기 때문이다. 그러기 위해 뿌리는 묵묵히 제 역할을 하여 줄기를 빛나게 한다. 그래서 아름다움을 만든다.

정치하는 사람이 뿌리고 줄기가 국민이어야 하는데, '뿌리가 만든 길'에서 보니 우리의 현실은 거꾸로다.

뿌리는 도망을 가지 못하게 한다. 줄기는 도망가게 해달라는 입도 없다. 한자리에서 바람과 빛을 벗하며, 살고 있는 식물들은 만족과 풍요를 안다. 사람들은 이 모습에서 무엇을 배울까? 정치하는 사람들은 걸어 다니며 국민을 만날 뜻을 세울까?

뿌리가 열심히 일하여 꽃과 열매를 보여준다. 보이지 않는 줄기와 잎과의 무질서와 혼잡도 겪을 것이다. 사람의 삶과 다를 바가 없다. 정치하는 사람들은 국민에게 꽃과 열매를 풍족하게 주어야 한다.

뿌리가 삶의 의지를 강하게 할 때, 꽃이 아름답고 열매는 충실하다. 이것에서 정치하는 사람들은 생명체의 근본을 생각해서, 국민들에게 열심히 살 수 있는 동기를 줄 방법을 배워야 하고, 정치하는 사람들은 뿌리의 역할을 충실히 해야 한다.

뿌리는 정치하는 사람들의 열정이 되고, 열매는 국민의 기대감이 되어야 한다. 그러면 대한민국은 강대국이 된다. 이 말은 물유본말(物有本末)이다. 정치하는 사람들의 본능이 되어야 한다는 것을 강조한다는 뜻이다.

신(新): 처음과 같이 새로워진다

뿌리는 헌신한다. 뿌리는 헌신에서 시작하고, 사랑으로 이어진다. 그래서 의원동산이라고 하는 곳에 있는 '뿌리가 만든 길'은 사랑재로 이어진다.

'뿌리가 만든 길' 위에서는 사랑을 생각해야 한다. 밟으면 아프다는 것을 알고, 오감을 집중시켜 '뿌리가 만든 길'에서 현실을 확실하게 깨달아야 한다. '뿌리가 만든 길'을 만든 뿌리는 밟혀도 아픔을 참는다. 그 아픔을 보고 국민의 아픔을 찾아내야 하는 것이 정치하는 300명의 역할이다.

정치하는 사람들은 의원동산(모두 의원이 되라는 의미. 의인, 의명, 의구를 뛰어넘으라는 뜻)의 '뿌리가 만든 길'에서 탓하지 않음과 더 견디려는 의지, 조건의 좋고 나쁨, 노력하는 모습을 찾아서 뿌리를 잘 키워야 한다.

뿌리가 흔들림 없고 튼튼해야 줄기도, 가지도, 꽃도, 열매도 알차게 성장한다는 것을 새겨야 한다. 정치가 두려움과 흔들림으로 난장판이 되면 국민은 불안해한다.

뿌리는 자신이 알아서 깊게 또는 낮게 위치한다. 국민도 높낮이를 알아서 삶을 조정할 수 있도록 정치가 뿌리를 튼튼히 하여야 한다.

뿌리만큼 고뇌를 생각하는 사물은 없다. 가족을 살리기 위한 어머니들 같은 억척스러움이 있다. 뿌리도 제 할 일을 어머니들처럼 하기 위해 뻗음과 넓이에 대한 찾음을 열심히 하고 있을 것이다. 국민을 위해 인내하고 걱정하는 정치가 국민의 뿌리이다.

국민 개개인의 '뿌리가 민든 길'이 생기도록 정치하는 사람들이 화합하고 단결되어야 한다. 입법, 행정, 사법의 삼권 중 입법이 가장 우선한다. 국민 화합을 생각하는 권력과 질서를 담당하기 때문이다. 삼권의 상호관계가 입법에 의해 국가 질서 형성의 기본방향이 설정되기 때문에 가장 우선한다.

행정은 법률로 정한 기준과 절차에 따라 수행하고 진행하면 된다. 사법은 바르게 집행되고 실행되었는지 확인하는 것이다. 국가의 뿌리는 국회다. 대통령은 없어도 민주국가에 국회 즉 의회가 있는 사유다.

국가의 뿌리로서 국민을 화합하고, 단결시켜야 할 대한민국 국회가 지금 무엇을 하고 있는지 '뿌리가 만든 길'에서 깊이 고민해 보길 권한다.

본뿌리(국회)에 붙어있는 실뿌리(정치하는 300명)가 다양한 국민들의 뜻을 받아들여 대한민국 국민을 푸르고, 아름답고, 씩씩하고, 강건하게 해야 한다. 본뿌리와 실뿌리가 졸속과 논란의 가벼움으로 입법을 하면 줄기를 죽인다.

영양분도 필요한 것과 불필요한 것이 있다. 나무뿌리 같은 전문성이 필요하다. 전문성이 없으면 졸속과 가벼움이 있다. 정치하는 사람다움과 국민다움이 정치다움을 만든다. 전문인은 전문가가 되도록 노력해야 한다. 그래야 전문성이 생긴다.

뿌리는 한 모양이 아니다. 큰 뿌리, 작은 뿌리, 실뿌리 등이 있으며, 역할이 다 다르다. 이들은 벗이다. 벗으로의 신의를 가지고 존재하니 일심동체다. 국민과 정치하는 사람도 서로에게 득이 되고 보완이 되는 뿌리 같은 벗이었으면 좋겠다.

무엇인가를 완전히 이해하려면 온몸의 감각 기관을 활용해야 한다. 이해하는 것과 아는 것은 다르다. 이해하는 것은 '참여'라는 과정이 있어야 한다. 그래야 환경을 알고, 관계를 알며, 원인과 사유까지 알 수 있다.

그래야 느낄 수 있다. 느낄 수 없으면 이해를 한 것이 아니다. 아는 것은 대상의 표(表)와 리(裏)를 따로 보는 것뿐이다.

'뿌리가 만든 길'에서 뿌리를 보면서 나무라는 몸통의 이해를 찾아야 정치하는 사람들은 정치가의 칭호를 받을 수 있다는 것을 알게 된다. 흙과의 동반관계까지 알 수 있으면 더 좋다.

기초 없는 건축물은 없다. 뿌리 없는 식물은 없다. 근본은 바닥 밑에 있는 것이다. 그래서 근본은 알 방법이 없다. 바닥 밑은 누구나 싫어한다. 정치하는 사람들이 중요하게 보고, 체험하여 법에 얹어야 할 내용이다.

뿌리는 시기, 질투, 분노, 욕망, 감정, 미움 등을 가지고 일을 할 것 같은데 하나가 되어 일한다. 잎(잎의 탄소 동화작용)과 줄기(영양분 운반)와 뿌리(물과 양분 섭취)도 화합이 없으면 존재할 수 없는 것이 나무다. 사람도 신체적인 손가락과 발가락은 뿌리이고, 머리는 나무줄기와 같다.

눈에 보이지 않는 뿌리는 지배당하지 않는다. 그렇다고 해방의 노력도 하지 않는다. 오직 살아있는 마음과 생각과 감정에 충실하며, '뿌리가 만든 길'에서 호흡하며, 인간의 본성과 정치의 본성을 비교하고 있는 것 같다.

식물의 집단주의는 이성을 진화시키지만, 사람의 집단주의는 이성을 퇴화시킨다고 한다. 식물은 같은 종이 집단으로 있어도 상황과 조건이 같기 때문이고, 집단주의에서의 사람은 스스로 개인이 생각하고, 행동할 필요성이 충분치 않기 때문이다.

책임감의 유무 때문이다. 뿌리는 이러한 논리에 뭐라고 대응할까?

뿌리는 내가 좋아하는 사람보다 뿌리를 좋아하는 사람을 더 좋아한다. 뿌리는 그렇게 참을 찾는다.

만물은 뿌리를 가지고 흙에서 생장한다. 사람의 마음 밭과 생각의 터가 사람의 뿌리인 흙이다. 흙의 어원(humus)이 사람이 되고, 겸손이 되었다. 정치는 흙을 알고, 사람은 겸손을 알아야 모순이 없어지는 정치판이 된다.

형상이 있는 것은 빛에 의한 그림자를 가진다. 뿌리는 그림자가 없다. 식물은 그림자와 그림자가 없는 것을 동시에 가지고 있다. 사람의 마음도 그림자가 없다. 그림자는 자기 흔적을 보여주는 특별함이다.

뿌리는 특별함이 없다. 그냥 제 역할에만 열정을 가진다는 것이다. 때를 알고 상황분석을 잘하고, 정치하지 않고 불평이 없는 평상심이 뿌리의 그림자다. 뿌리가 만든 오르막과 내리막길은 자연의 오선지에 자연이 작곡한 길이다.

섭리라는 박자에 자연이라는 춤꾼이 리듬을 맞추는 것이 자연의 길이다. 자연의 길에는 뿌리의 소리가 '뿌리가 만든 길'을 만들어 감각을 느낀다.

저절로 된 것들은 부드럽다. 비와 바람은 하늘의 손길이다. 자연의 흐름에 맞추는 삶이 생각이어야 한다. 자연은 종합적인 사고가 필요한 뿌리를 가진 예술의 근원이다.

봄 길, 여름 길, 가을 길, 겨울 길은 질감이 다르다. 계절별로 길에 대한 느낌이 삶의 느낌이었다. 감각과 감응이 뒤따르는 길을 만들 때 길을 닦는다고 한다. 요즘은 아스팔트 길과 콘크리트 길이 많다.

흙의 길에서도 식물의 뿌리를 보면서 인간애와 외경을 깨닫는 정서를 정치하는 사람들은 가져야 한다.

'뿌리가 만든 길'은 마음과 정신을 연결시키고, 몸체를 바르게 가꾸어 준다. 길의 의미는 합리적인 일체를 말하는 것이다. 길에서 깨달아야 하고, 길에서 느껴야 한다. 특히 정치하는 사람들은 '뿌리가 만든 길'에서 삶의 애환을 달래줄 좋은 법하나 건지면 얼마나 좋을까?

소통이 조화로우면 삶에 탈이 없다. 소통이 조화로운 길은 오솔길이다. 의원동산에 있는 뿌리가 만든 길이 오솔길이다. 정치하는 사람들은 뿌리가 보이는 오솔길에서 많은 대화를 해야 한다.

연인들도 넓은 길보다는 좁은 길에서 손을 잡는다. 정치하는 사람들이 오솔길과 대화하면 부분에 집착하지 않는 정문안을 깨달을 것이고, 죽음의 땅과 생명의 땅을 하나로 만들 능력이 생긴다.

그렇게 되면 소금 같은 꼭 필요한 정치를 할 것이다.

고통에 잠기면 고통은 잠긴 만큼 줄어든다. 국민의 고통을 찾아내는 정치가는 찾은 고통만큼 국민의 고통이 줄어든다는 것을 알고, '뿌리가 만든 길'에서 오솔길 정치를 해보는 것은 어떨까?

오솔길의 생각이 그릇의 크기를 키운다. 넓은 길의 생각은 그릇의 크기를 줄인다. 정치하는 사람들은 의원동산에 있는 오솔길인 '뿌리가 만든 길'에서 국민을 위해 산책을 하고, 큰 그릇을 만들어야 한다.

길은 도다. 도는 깨달음이다. 깨달음은 '뿌리가 만든 길'에 있다. 오솔길에 조용함이 있듯 도는 좁고 험한 곳에 있다. 나무뿌리가 많이 보이는 험한 곳에 오솔길이 있다.

삶을 달래주는 술(酒)보다는 삶에 향기를 주고, 도움을 주는 차(茶)가 어울리는 생각의 길이 오솔길이라 하는 '뿌리가 만든 길'이다.

이 길과 저 길을 포함한 많은 길을 가지고 있어 국민들의 삶도 어렵다고 한다. 길은 도라고 했다. 도는 현실의 이치다. 정치하는 사람들이 현실을 똑바로 보는 것은 '뿌리가 만든 길'에서 국민의 생활을 보는 것이어야 한다.

전문가와 전문인이 다르듯 정치가와 정치인은 다르다. 국민은 전설을 많이 아는 정치가를 원한다. 국회의원은 국민이 가야 할 길을 앞서 발견하는 사람(pathfinder)이다.

흙의 정치학

— 흙과 물은 아래로 흐른다.

물(氵)과 빛(日)과 흙(土)이 만나는 열(涅)이란 곳이 개펄이다. 흙 중의 흙이 개흙이다. 수도승이 해탈한 최고의 경지를 열반이라 한다. 열반(涅槃)은 쟁반에 개펄의 흙을 담는다는 것이다.

열반은 깨우치고 안다는 것이다. 아담도 흙으로 만들었다. 정치하는 사람들은 흙이 가진 정신을 깨우치면 정치가가 된다. 회두토면(灰頭土面)이란 말이 흙의 정치학이란 것을 국회의원은 안다.

이 텃밭은 여야 협력과 도농상생, 국민과의 소통을 위해 마련한 공간입니다. 생명이 살아 숨 쉬는 텃밭에서 손에 **흙**을 묻히고 직접 밭을 갈면서 농촌을 이해하고 땅의 소중함을 배우겠습니다.

이 글은 내가 2016년도에 국회 생생 텃밭 어귀에 세워져 있는 간판에서 보고 기록한 것이다.

400여m^2의 넓이에 여야협력, 도농상생, 국민과의 소통을 담고, 손에 흙을 묻히면서 농촌을 이해하고, 땅의 소중함을 배운다고 한다.

농산물과 여야협력, 도농상생, 국민과의 소통은 큰 의미가 있다. 손에 흙을 묻히면서는 농촌을 이해하는 것이 아니고, 농업을 이해해야 하고, 흙의 소중함을 배워야 한다.

농자(農子)들은 땅의 소중함이라 하지 않고, 흙의 귀중함이라 한다. 이 간판에서 국회의구들의 쇼맨십을 느낀다. 진정으로 여야협력과 도농상생을 위한다면 개인 명패를 제거하고, 작은 농사지만 300인이 같이 지어서 김장 기부를 하든, 갖다 먹든 하였으면 한다.

생색내기 위한, 보여주기 위한 것을 외친다. 외부의 화려함은 내부의 빈약함을 자백하는 것이다. 그토록 이름이 중요한가? 사후에 100년간 갈 이름은 하나도 없어 보이는데 왜 그렇게 이름에 집착하는가?

국회에는 하나부터 열까지 진정성이 있는 것이 아무것도 없다. 쇼만 있고, 말만 있다.

국회의원은 생생 텃밭을 가지고 쇼나 자기홍보를 하면 흙을 모독하는 것이다. 시대가 디지털 시대다. 소리소문없이 성실하게 본인이 가서 밭을 가꾸고, 겸손하게 국민을 위하여야 흙이 화내지 않고, "그것이 내 정치학이야"하고 보람 있다고 할 것이다.

정치하는 사람 60여 명이 생생 텃밭의 회원이라고 한다. '생각 사(思)'를 생생 텃밭에서 깨달아야 한다. 마음의 밭(田과 心)에서는 올바른 정치 신념을 사모하고, 좋은 법과 제도를 생산하는 것이 국민들을 위한다는 것을 깨달으면 흙의 정치학을 다 배운 것이 된다.

정치하는 사람들은 농자의 마음을 가져야 한다. 천문학, 전자 전기공학, SNS, 경영, 과학, 수학, 정치 등에 해박한 농자들이다. 그렇지 않으면 흙을 알 수가 없다. 농자는 자연스럽게 흙을 알고 자연이라고 한다.

흙은 지구의 표면을 덮고 있는 무기물과 유기물이 섞여 이루어진 물질이다. 땅을 이루는 중심체이다. 물, 공기, 흙 입자로 삼상관계를 가지고 서로 협력하고 상생한다. 정치도 국민과 주권과 국토의 삼상관계를 잘 끌어야 한다.

'흙 토(土)'자는 초목의 싹이 흙을 뚫고 땅 위로 돋아나는 모양을 본뜬 글자다. 성공과 같은 뜻이다. 성공은 success다. 이는 "흙을 뚫고 나온다"는 뜻의 라틴어 succedere에서 왔다.

정치하는 사람들은 싹을 키우고, 성공의 범위를 넓혀주기 위해 국민의 숨소리를 경청해야 한다.

초목이 싹을 틔우게 한다는 것은 흙이 새로운 물질을 만드는 밑바탕이라는 것이다. 흙에서 씨앗이 뚫고 나오는 것이 성공이다. 사람은 태어남으로써 성공한 것이라는 뜻과 같다.

땅은 강이나 바다와 같이 물이 있는 곳을 제외한 지구의 겉면이다 '땅 지(地)'자는 땅, 대지, 장소라는 뜻이다. '흙 토(土)'자와 '어조사 야(也)'자가 결합한 것으로 야자는 주전자를 그린 것이다. 주전자는 물을 다루는 용기다.

땅에는 흙과 물이 있다는 것이다. 흙은 지구에만 있다. 식물이 존재해야 흙의 칭호를 받을 수 있다. 땅이라고 하면 부동산 생각이 난다. 때론 부동산은 사람을 사람 이하로 만드는 부속 조건을 생각하게 한다.

흙은 삶을 조성하는 바탕의 지혜이고, 땅은 사람들이 이용하고 욕심을 만드는 지식 오남용의 현장이다.

흙은 냄새를 가지고 있다. 사람의 본질이라고 한다. 흙에서 나는 냄새를 흙내, 흙냄새라고 한다. 지오스민(geosmin)이라는 성분 때문에 나는 냄새인데 비가 오기 시작할 때 땅에서 피어오르는 냄새이다.

땅을 의미하는 geo와 냄새를 뜻하는 osme의 조합어이다. 흙의 냄새는 사람의 냄새이고, 지구의 냄새이다. 흙의 냄새가 산천초목을 성장시킨다. 냄새를 가진 흙은 논, 밭, 과수원, 목초지 등의 경작지를 만든다.

영양분이 가득한 흙이 농산물의 생산량을 증가시킨다. 이 증가된 잉여 농산물에서 수학, 과학, 경제, 경영, 등의 학문이 나왔다. 정치 때문에 나온 학문은 무엇인가?

흙에 대한 욕심이 학문도 만들고 산업도 만들었다. 생생 텃밭에서 정치하는 사람들은 무엇을 만들까? 사각형으로 텃밭을 만들어

놓은 것에서 사각형의 기하학을 배운 것이다. 가로 세로에 이랑과 고랑을 만들어 겸손과 공경이란 삶의 형태도 안다. 알았으면 행동을 하여야 한다.

흙의 영양분이 줄어들면 거름을 더 주고, 객토를 하는 것을 어릴 때 보았다. 그러나 생산량을 더 늘리기 위해 화학이 동원되고 프리츠 하버가 만든 비료가 중요한 역할을 하였다.

흙도 많이 오염되고 있다. 유기물의 순환관계가 수월치 않은 것 같다. 물의 증발과 구름형성과 비 내림이 전반적이어야 하는데 부분적으로 집중되는 것 때문이다. 기상 조건 때문에 흙도 걱정이 많다.

정치하는 사람들은 흙의 순환관계가 어떻게 되는지, 그곳에 들어가는 퇴비의 양은 어떻게 되는지, 대기의 기후에 따른 순환관계와 어떤 연관이 있는지 철저히 상세하게 알고, 법안이 필요하면 미리 안을 구체화시켜 준비하고 있어야 한다. 기후를 알아야 미래를 안다.

이것을 알면 농업은 행동으로 하는 것이지, 말로 하는 것이 아니라는 것을 배울 것이다. 농업은 행동하는 정치학이다. 농업은 이론으로 공부하는 정치학이 아니다.

과일이 여러 색을 가지는 것은 인간과 동물을 유혹하여 자신들의 종족을 보존하기 위한 것이라고 한다. 흙이 만든 걸작이다. 흙이 수국의 색깔을 바꾸듯 과일의 색깔도 흙이 바꾸는 것 같다. 정치도 좋은 것은 계승하고, 나쁜 것은 바꾸는 흙의 정치학을 배워아 한다.

정치는 사람들을 혼란하게 한다. 흙의 정치학은 사람의 감정을
맑게 해주고, 몸을 튼튼하게 하며, 부드러운 심성을 가지게 한다.
삶의 주기를 행복으로 이어준다. 그런데 지금은 길을 포장하여 흙
길이 드물다. 그래서 도시의 정서가 시골의 정서보다 거칠고 삭막
하다.

흙먼지는 사람의 본성이다. 우주의 본래 물질이다. 그런 흙먼지
가 두려워 길을 포장하고 있다. 흙이 숨을 쉬어야 대기의 순환선
이 이어지는데 흙의 숨길을 막고 있으니 걱정이다. 흙이 1*cm* 쌓이
는 데 약 200년이 걸린다고 한다. 오염되는 데는 얼마 걸리지 않
는다. 흙은 아까운 물질이다. 흙을 사랑해야 한다.

지금 국회가 76살이니까 200년에 1*cm* 쌓이는 흙에 관하여 알
려면 아직 멀었다. 한 줌의 흙 같다는 말은 함부로 하면 안 된다.
200년을 가볍게 안다는 뜻이기 때문이다.

정치하는 사람들은 흙에 대하여 어떻게 생각하는지 참 궁금하
다. 생생 텃밭은 개장식도 한다. 개장식은 왜 하는 것이며, 자신들
의 힘으로 못 하니 여러 단체를 참석시켜서 힘자랑하는 것은 농업
과 농자를 모독하는 것이다.

흙의 철학인 겸양과 겸손을 모르는 국회의구들의 힘자랑이다.
생생 텃밭은 이랑과 고랑으로 되어있다. 이랑은 국민들이 먹을 것
을 키우는 터이고, 고랑은 정치하는 사람들이 국민을 위하여 이랑
을 돌보는 통로이다. 누가 겸손해야 할까?

흙을 가지고 놀면 감각기능이 더 발달하고, 몸 기관의 상호작용이 원활해진다고 한다. 정치하는 사람들은 자신들이 관리하는 생생 텃밭에서 흙의 정치학을 초심대로 끝까지 키워 수확하기 바란다.

흙이 있어 아름다운 꽃을 볼 수 있다. 흙이 있어 사랑을 할 수 있으며, 흙이 있어 먹을 수 있고, 입을 수 있고, 생활할 수 있다. 흙이 있기에 산도 있다.

부동산의 가치로 땅을 아는 것보다, 고향의 향수인 흙의 정서를 흙을 통하여 아는 것이 정치하는 사람들의 흙에 대한 정치학이어야 한다.

흙은 종합병원이다. 아플 때는 산이나 흙으로 된 숲으로 가는 사람들이 많다. 아프지 않아도 토요일(흙이 빛나는 날)에는 특히 흙이 있는 산, 들, 숲으로 많이들 간다.

지구의 태생이 먼지다. 먼지가 모여 흙이 되고, 흙이 지층을 이루며 땅이 되었다. 자연에 가는 것은 태생이 친구인 흙을 만나기 때문에 본능적으로 좋아한다.

텃밭에 가는 것도 캠핑이라고도 한다. 힐링이라고도 한다. 큰 뜻으로 유람이라고도 한다. 진흙을 가지고 목욕도 한다. 흙의 위생 가설은 아이들의 면역체계를 만들고, 훈련시키는 것도 흙이 병원이라는 것이다.

시골에서 자란 아이들이 태어날 때의 순수성을 더 오랫동안 가지고 있는 것도 흙 때문이다. 우리 몸에 유익균, 무익균이 수억 마리가 있다고 한다. 흙도 그렇다. 그래서 사람과 흙은 어원이 같다.

사람의 본질이라는 겸손(humility)도 어원이 흙이다.

정치하는 사람들도 가끔 그늘이 없는 논밭에서 일해본다면 바람과 빛과 흙의 관계를 알 것이다. 빛의 삼원색의 혼합은 백색을 만들어 다른 것을 창조하게 한다. 사람의 순수성을 자연이 인정하는 것이다.

야외에서 일하고, 결혼식을 하면 백지에 꿈을 크게 그릴 수 있다. 삼국시대 때 화백회의, 정사암회의, 제가회의도 밖에서 햇빛을 받으며 하였다. 국회광장이나 뜰, 또는 의원동산에서 야외회의를 하면 덜 싸울까?

흙의 정신은 사람의 심성을 중성화시킨다. 강알칼리성의 콘크리트 아파트와 산성 식품인 고기의 성분으로 무장된 도시인은 중성을 지향하는(산성의 흙에 퇴비를 넣어 중성화시킴) 농촌의 근본을 따라가지 못한다.

알칼리와 산성에 치우치지 않는 중성이 흙의 성질이다. 한국 정치는 알칼리이든 산성이든 편심 지향성이다. 사람은 흙에서 왔다. 산성인 흙을 사람들은 퇴비로, 자연은 낙엽으로 중성을 만든다.

음식도 알칼리 식품과 산성 식품을 섞어 먹어야 건강에 좋다. 흙은 그것을 만들어 준다. 정치하는 사람들은 자기에게 좋은 것만 편식한다. 정치는 중성의 중립이어야 하는데 정치하는 사람들은 편심을 좋아한다. 겉과 속이 다른 흔들림을 가지고 있는 것이다.

우리의 선조들은 흙에서 나온 모든 유기물을 발효시켜 흙에게 주었다. 중성의 흙을 만들고, 흙을 재생시키는 것이다. 이것은 흙의 정치학을 배운 결과다.

민족성을 알고 이어주면서 새로운 변화를 느끼게 해주는 것이 다름이다. 다름의 흙은 흙의 순환성에 새로운 흙을 보태는 것이다. 흙을 알아야 나라를 알고 흙이 살아야 나라가 산다.

흙을 가장 소중히 하는 사람들이 농자(農子)다. 농사를 담당하는 사람은 흙을 알고 사랑하기에 성자인 농자가 되어야 한다.

흙의 정치학이 강의되고 있는 생생 텃밭에서 흙의 정치학을 공부하면 정치하는 사람들은 흙을 밟고 다니고, 흙의 냄새를 맡고, 흙과 같이 운동하고, 놀이를 하면서 웃음이 떠나지 않는 삶의 정치를 할 수 있을 것이다.

정조대왕도 정신적 건강이 있어야 육체적 건강이 있다는 신념 아래, 청의정의 흙에서 배운 편지 정치를 하였다. 흙과 가까이 사는 것이 정신건강과 육체적 건강의 비법이다. 흙과 함께하는 정치는 건강한 삶을 제공한다.

흙과 물은 아래로 향하는 성질을 가지고 있다. 사람의 본체는 흙과 물이다. 무겁게 행동하고 말해야 한다. 흙의 정치학 결론이다. 사람다움이란 상호 공존을 추구하는 삶이다. 생생 텃밭에서 정치하는 사람들은 국민들은 위해 무엇을 했는지 국회 역사 76년을 돌아보고, 흙의 정치를 다짐했으면 좋겠다.

흙은 어떤 충격과 자극도 가볍게 받아들이고, 본래대로 돌아가려는 능력이 대단한 물질이다. 흙은 끊임없이 여러 변화를 하면서도 자신이 가야 할 방향을 잡고 방법을 찾는다.

정치도 흙의 정치학을 배워서 잘잘못을 수정하면서 좋은 변화를 이끌어 국민들을 편안하고, 안전하게 해주어야 한다.

흙에 의한 생존경쟁은 점점 더 치열해지고 있다. 이상 기후가 짙어지면 더 심각해질 것이다. 정치하는 사람들은 흙에 대하여 어떤 준비를 하고 있는가?

흙의 정치학은 아래로 향하는 존경학이다.

보다 나은 정치를 바라면서

일반 국민들은 정치는 '한다'고 한다. '한다'는 것은 정신적으로나 육체적으로나 어떤 상황에 능동적으로 대한다는 것이다. 시킴을 받는 것이 아니고, 자신의 힘과 능력으로 자발심을 발휘한다는 것이다.

정치는 정치하는 사람이 국민을 위하여 능동적으로 행동하고 말하는 것이다. 못난 국회의구는 정치는 다스리는 것이라고 한다.

다스린다는 것은 "보살펴 관리하고 통제한다"는 것이다. 이것에는 자격이 있어야 한다. 지금 정치하는 사람 중에 대한민국의 국민을 다스릴 자격이 있는 사람이 몇이나 될까? 다스린다는 말은 함부로 하는 말이 아니다.

데카르트는 사고(思考) 방법의 기술을 네 가지로 말하였다. 첫째, 수단과 편견을 피하고 명증으로 참이라고 인식한 것. 이 외에는 그 무엇도 참된 것으로 받아들이지 마라. 즉 모든 것을 의심하라는 이야기다.

둘째, 검토할 어려움들을 각각 잘 해결할 수 있도록 필요한 만큼 작은 부분으로 나누어라. 셋째, 생각들을 단순한 것에서부터 복잡한 것으로 이끌어 나가라. 넷째, 아무것도 빠트리지 않았다는 확신이 들 정도로 완벽하게 열거하고 전반적으로 검토하라는 것이다.

국민들은 정치하는 사람들에 대하여 명증, 분해, 확산, 열거하는 생각의 기술을 가지고 정치하는 사람들을 보아야 한다. 국민이 정치에 무관심해지면 국회의원도 국회의구가 된다.

그러면 국민이 피해자가 되고 또다시 국민들은 불빛과 함께해야 한다. 보다 나은 정치를 바라면서 의심하고, 분해하고, 종합하여 완벽한 정치를 하는 사람을 선택해야 한다.

"기회는 평등하고, 과정은 공정하며, 결과는 정의로울 것이다"라는 말이 한때 유명했다. 모든 일이 말대로 되지 않는다. 의심하지 않고, 찾아보지도 않고, 정치하는 사람들이 한 말이 평등, 공정, 정의였다.

평등, 공정, 정의는 말이지 형상이 아니다. 신이 쓰는 말을 사람이 쓰면 행동이 따르지 못하는 말만 된다. 대한민국 국민들은 좋은 말에 잘 속는다.

의심하고, 분해하고, 확산해 보고, 열거해 보면 명증을 구분할 수 있다. 선하고 행동과 말이 일치하는 정치하는 사람은 찾기 어렵다. 그래서 대한민국의 국민들은 여태 대강의 일치에 준하는 정치하는 사람들을 선택했다. 그래서 실패를 많이 했고 지금도 하고 있다.

생각은 데카르트, 율곡, 조식 등의 기술을 참고하여 바르게 하고, 행동은 친절하게 하며, 말은 과정과 절차를 제시하는 정직성이 있어야 한다. 이렇게 하려면 평등, 공정, 정의는 함부로 쓰지 말고 신에게 허락을 받아서 써야 한다. 덧붙여 '그러나'라는 말을 쓰지 않는 정치하는 사람을 뽑아야 한다. 그래야 싸움이 없어진다. '그러나'는 사람을 화나게 하는 뜻이 많이 연결된다.

세상은 굽이굽이 어려운 길을 어렵게 가는데 우리나라의 정치하는 사람들은 특권과 아울러 편한 길, 고운길만 간다. 언제 어떻게 변할지 모르는 상황이 백척간두 같다. 있는 그대로 진실과 현실을 보고, 대책을 강구하는 국민정신이 필요한 때다.

아울러, 정치하는 사람들은 미래를 예측하고 준비하는 국회 나름의 기구(미래 예측 위원회 등)를 만들어서 기후, 교육, 인구, 경제 등에 관한 뒷북 입법을 하지 않아야 한다.

어려운 일은 없다. 대한민국 국민은 마음도 먹는 민족이다. 마음을 한 번씩 먹으면서 어려운 일을 해왔다. 미래는 초속 463km로 오고 있다. 옆을 볼 겨를이 없다. 앞도 보기 힘든 속도다. 바쁘게 열심히 일해야 한다.

준비를 못 하면 대한민국의 후손들이 지금의 세대를 원망할 것이다. 몇천 년을 살 것 같이 말하지 말고, 100년을 살 것 같이 행동하고 준비해 주는 것이 정치가의 역할이다. 정치하는 사람은 모두 정치가가 되어 국민들에게 희망을 주기를 기대한다.

나를 기억하는 사람은 오직 나다. 사후의 명성은 나에게서 끝난다. 삶은 질기지도 길지도 않다. 단순함에서 시작하여, 단순함으로 끝나는 것이 삶이다.

씨실과 날실의 간격을 잘 조절하여 아름다운 대한민국을 만들고, 경선과 위선의 간격을 잘 조절하여, 대한민국을 세계에 우뚝하게 퇴우는 것이 대한민국 국민과 정치가의 사명이고 임무이다.

여(與)와 야(野)는 부부다. 부부싸움은 4년 동안 하는 것이 아니다. 자연은 질서를 지키려고 애를 쓰는데 정치하는 사람이 부부 간의 연을 끊고, 자식들을 버리고, 임무에 소홀하고, 책임에 등한하면 자식들이 고생하고 빗나간다.

국민의 어버이가 되려면 허황된 탐욕과 욕망을 버려야 한다. 정치하는 사람들이 국민의 욕심과 소망의 높낮이와 같이할 때 자신의 덫에서 벗어나 훌륭한 정치가가 되는 것이다.

'같이'와 '함께'는 국민이 가진 정서다.

말은 잊히는 대상이고, 쇼는 한계 있는 기억의 대상이며, 이해는 잊히지 않는 참여의 대상이다. 모두 명예욕을 충족하기 위한 대상들이다. 명예와 금전 욕구는 같이 가질 수 없다.

"명예욕은 다른 사람의 반응에서 만족을 구한다"고 한다. 이것은 옛날의 명예욕이다. 지금은 명예욕이 자신의 노력과 자기 반응의 만족으로 바뀌었다. 대한민국 국민은 명예욕보다 명예를 존중해야 함을 모두 알고 있다. 초심을 잊지 않고, 등대 같이 지켜서 계속 일관하면 전신이 흔들리지 않는다.

정치하는 사람들은 자기희생으로 국민에게 만족을 시켜줄 수 있어야 국민이 다가온다. 정치하는 사람들이 국민의 성원 속에서 흔들림 없이 쌓아갈 수 있는 것을 '현 존재'라고 한다.

'현 존재'는 독일어로 Dasein이다. '거기(Da)' '있으면(sein)'서 국민이 다가올 수 있게 하는 리더십이 정치하는 사람들에게는 필요하다.

미국의 US 뉴스 앤 월드리포트(USNWR)는 2022년 12월 31일, 2022세계에서 가장 강력한 국가(The planet's most powerful countries) 순위를 발표했다.

대한민국이 6위이다. 가장 영향력 있는 국가 11위, 최고의 국가 20위다. 여기서 정치하는 사람들과 국민들은 역사관이 일치하는지, 독립적인 의지를 가지고 있는지를 서로 간에 물어야 한다. 그래야 계속성을 유지한다.

정치권이 우수하지 못하고 개인의 이익만 생각하고 있지는 않은지도 생각해 보아야 한다. 실질적인 강대국은 자신의 뜻대로 움직이는 국가다. 폭이 넓게 보고, 듣고, 행동하고, 말하는 정치가를 국민은 원한다.

강력한 국가를 만드는 요건을 대한민국 국민은 알고 있는데, 국민은 기다리고 있는데, 국민은 기도하고 있는데, 정치하는 사람들은 "나라가 번영하면 인재가 귀하고, 집이 부유하면 아이들이 교만하다"고 한다. 우리는 번영하지도 않으며, 집이 부유하지도 않다.

　정치하는 사람들에게 바란다. 보다 나은 실사구시 정치로 국민

을 웃게 해주길.

위하여,^與
위하야^野

초판 1쇄 발행 2024. 3. 13.

지은이 전연익
펴낸이 김병호
펴낸곳 주식회사 바른북스

편집진행 황금주
디자인 한채린

등록 2019년 4월 3일 제2019-000040호
주소 서울시 성동구 연무장5길 9-16, 301호 (성수동2가, 블루스톤타워)
대표전화 070-7857-9719 | **경영지원** 02-3409-9719 | **팩스** 070-7610-9820

•바른북스는 여러분의 다양한 아이디어와 원고 투고를 설레는 마음으로 기다리고 있습니다.

이메일 barunbooks21@naver.com | **원고투고** barunbooks21@naver.com
홈페이지 www.barunbooks.com | **공식 블로그** blog.naver.com/barunbooks7
공식 포스트 post.naver.com/barunbooks7 | **페이스북** facebook.com/barunbooks7

ⓒ 전연익, 2024
ISBN 979-11-93879-28-3 03340